PROFIL BAC
Collection dirigée par Georges Décote

Tristan et Yseut

(XIIe siècle)

BÉROUL

PHILIPPE WALTER
Agrégé de l'Université
Docteur ès lettres
Professeur à l'Université de Grenoble

Sommaire

© HATIER, PARIS, AOÛT 2000 ISSN 0750-2516 ISBN 2-218-73346-3

***Toutes nos références renvoient à l'édition du Livre de Poche* Tristan et Iseut.**

Édition : Benoît Berthou
Maquette : Tout pour plaire
Mise en page : J'ai 2 z'amours

FICHE PROFIL

Tristan et Yseut*

Béroul

Roman médiéval — XIIe siècle

RÉSUMÉ

Tristan, neveu du roi Marc de Cornouailles, et Yseut, la future épouse de Marc, boivent accidentellement un philtre d'amour destiné à Marc et Yseut. Ils tombent follement amoureux, et, ne pouvant se séparer, se rencontrent en dépit des vassaux du roi Marc qui, jaloux de la place de Tristan à la cour, veulent absolument les dénoncer. Pris en flagrant délit d'adultère, les amants sont arrêtés et condamnés à mort. Tristan parvient à s'échapper, délivre Yseut, et tous deux s'enfuient dans une forêt où ils vivront comme des bêtes traquées pendant de longues années. Brusquement, les effets du philtre cessent. Les amants retrouvent leur liberté et désirent reprendre leur vie d'antan. Un ermite, ami des deux amants, obtient le pardon du roi : Yseut retrouve sa place de reine auprès de Marc mais Tristan doit s'exiler. Les vassaux délateurs ne laissent toutefois pas la reine en paix, et elle propose de jurer qu'elle fut toujours fidèle à son époux. Yseut accepte de se soumettre à une procédure judiciaire, et parvient à se disculper sans mentir réellement, en manipulant avec une habile ambiguïté les termes du serment auquel elle est tenue. Tristan est rappelé d'exil, et retrouve Yseut. Les vassaux ne désarment pas, et alors qu'ils continuent à espionner Tristan et Yseut, qui redeviennent amants, ils sont assassinés par Tristan.

LES PERSONNAGES

Andret : Un des nobles de la cour du roi Marc.

Arthur : Célèbre roi légendaire (et peut-être historique) de Bretagne qui fonda la Table Ronde réunissant les meilleurs chevaliers du royaume.

Beau Joueur : Cheval de Tristan.

Brangien : Servante d'Yseut.

Cinglor : Un des chevaliers de la Table Ronde participant au tournoi du Mal Pas.

Denoalain : Un des traîtres qui épient et dénoncent les amants.

Dinas de Dinan : Sénéchal du roi Marc et ami de Tristan et Yseut.

Frocin : Nain astrologue au service du roi Marc.

Ganelon : Un des traîtres qui épient et dénoncent les amants.

Gauvain : Neveu du roi Arthur et chevalier de la Table Ronde participant au tournoi du Mal Pas.

Girflet : Un des chevaliers de la Table Ronde participant au tournoi du Mal Pas.

Godoïne : Un des traîtres qui épient et dénoncent les amants.

Gouvernal : Instructeur de Tristan dans le métier chevaleresque puis écuyer du même Tristan.

Husdent : Chien de Tristan qu'il dresse pour chasser silencieusement.

Marc : Roi de Cornouailles et mari légal d'Yseut.

Morholt : Oncle d'Yseut et frère de la reine d'Irlande. Guerrier géant tué par Tristan.

Noir de la Montagne : Nom traditionnel d'un chevalier féerique dont Tristan prend l'apparence lors du tournoi du Mal Pas.

Ogrin : Ermite vivant en solitaire dans la forêt du Morrois.

Orri : Garde forestier qui héberge Tristan lorsque ce dernier est exilé.

Passelande : Cheval du roi Arthur.

Périnis : Valet d'Yseut.

Tristan : Neveu du roi Marc et amant de la reine Yseut.

Yseut : Fille de la reine d'Irlande et nièce du Morholt. Épouse légale du roi Marc et amante de Tristan.

Yvain : Chef de la troupe des lépreux qui veulent emmener Yseut.

Yvain : Fils du roi Urien. Un des chevaliers de la Table Ronde participant au tournoi du mal Pas. Personnage différent du précédent.

---

* Il existe plusieurs formes admises du nom d'Yseut : Iseut, Yseult, Iseult... Nous avons retenu la forme figurant dans le manuscrit original de Béroul.

Béroul : Repères biographiques

QUI EST BÉROUL ?

Béroul se nomme à deux reprises dans le roman : « Béroul a parfaitement gardé [cette histoire] en mémoire » (v. 1268) et « Comme l'histoire le dit, là où Béroul le vit écrit » (v. 1790). Cette double signature est le seul indice laissé par un auteur dont on ignore tout. Il est impossible de fixer avec précision ses dates de naissance et de mort, et tout ce que l'on sait de lui se déduit de l'examen de son texte, voire d'une comparaison de celui-ci avec d'autres œuvres du XIIe siècle.

Bien que cet auteur n'ait laissé aucune lettre ni aucun autre document signé de sa main, on a retrouvé dans des archives la trace d'un moine nommé Béroul. Il pourrait s'agir de l'auteur de *Tristan et Yseut*, même s'il n'existe aucune certitude à ce sujet. Jacques Chocheyras a résumé cette hypothèse en ces termes : « Un moine de Saint-Evroul, devenu prieur de Maule (près de Mantes) au XIIe siècle, s'appelait Beroldus. Le prieuré bénédictin de Maule se trouvait dans le diocèse de Chartres. Au vers 4350 du *Tristan* de Béroul, le roi Marc doit se rendre à Saint-Lubin. »[1] Or, il existe plusieurs endroits portant ce nom dans la région de Chartres, et la mention de saint Lubin dans le roman de Béroul ne pourrait être due au hasard, le nom de Lubin étant très rare, voire inexistant, dans d'autres régions. Par ailleurs, le nom de saint Evroul (saint auquel était dédié le monastère de Beroldus) est également mentionné dans le *Roman de Tristan* (v. 238). Enfin, on a retrouvé dans des documents officiels rédigés à Chartres en 1167 et 1168 la première mention des noms de Tristan et Yseut donnés à des enfants de familles nobles. C'est certainement la preuve

1. J. Chocheyras, *Tristan et Iseut. Genèse d'un mythe littéraire*, Champion, 1996.

de la popularité de la légende de Tristan à l'ouest de Paris et jusqu'en Normandie. Tous ces indices permettent de penser que Béroul aurait vécu et travaillé dans cette région, ou qu'il a dû la connaître.

L'UN DES PREMIERS ROMANCIERS FRANÇAIS

On peut penser que Béroul appartient à la première grande génération de romanciers du XIIe siècle, période qui voit la naissance de ce genre littéraire. Béroul serait un contemporain de Chrétien de Troyes, célèbre écrivain champenois, auteur entre autres romans[1] de *Cligès* et du *Chevalier de la Charrette*. Ces deux œuvres sont fortement influencées par la légende tristanienne et cherchent à combattre sa troublante et dangereuse fascination. Cette réaction laisse supposer que le récit de Tristan et Yseut était déjà bien diffusé. Chrétien de Troyes cite d'ailleurs explicitement les noms de Tristan et d'Yseut ; il est lui-même l'auteur d'un roman sur Yseut et le roi Marc qui a été perdu.

D'autre part, on peut soupçonner que Chrétien s'inspire du roman de Béroul pour un passage du *Chevalier de la Charrette*[2]. Voici cet épisode : Lancelot rend visite clandestinement à la reine Guenièvre et se blesse en entrant dans sa chambre. Lancelot laisse ainsi sur les draps du lit de la reine l'empreinte de son sang, et sera aussitôt suspecté d'adultère. Dans le roman de Béroul (v. 701-780), Tristan rend visite clandestinement à la reine Yseut. Lorsqu'il la rejoint dans son lit, une de ses anciennes blessures se met à saigner, et des traces de sang entachent la chambre de la reine et les draps du lit. Tristan est aussitôt arrêté et accusé d'adultère. L'analogie des épisodes est trop évidente pour ne pas susciter des questions. Comme par ailleurs Chrétien de Troyes cite à plusieurs reprises Tristan et Yseut dans ses œuvres et comme Béroul ne cite jamais les personnages de Chrétien, c'est bien l'œuvre de Béroul qui précéderait celle de

1. Sur cet écrivain : Ph. Walter, *Chrétien de Troyes*, PUF, 1997 (collection *Que sais-je ?*).
2. Sur ce roman : E. Gaucher et L. Mathey-Maille, *Le Chevalier de la charrette. Chrétien de Troyes*, Hatier, 1996 (collection Profil, n° 205-206).

Chrétien. Comme on fixe par ailleurs la date de composition du *Chevalier de la Charrette* entre 1177 et 1181, le *Tristan* de Béroul serait alors antérieur à ces dates.

On peut encore dater plus précisément le *Tristan* de Béroul si l'on considère que *Cligès* a également subi l'influence de l'auteur tristanien. Dans ce deuxième roman de Chrétien de Troyes terminé vers 1176, les noms de Tristan et Yseut sont explicitement mentionnés. Cette citation laisse penser que la légende tristanienne était déjà suffisamment répandue dans les cours pour susciter des réactions violentes de la part d'autres romanciers qui ne s'enthousiasmaient pas pour cette sulfureuse histoire. Béroul serait ainsi l'un des tout premiers « romanciers » français du XIIe siècle puisque c'est justement vers 1150 que l'on situe la naissance du genre romanesque en France.

À cette époque, le genre littéraire du roman reste toutefois mal défini. C'est ainsi que l'œuvre de Béroul ne possède aucun titre fixe imposé par son auteur. De nos jours, plusieurs titres sont admis par la critique : *Tristan et Yseut, Le roman de Tristan, Tristan*. De plus, l'orthographe du nom d'Yseut est très fluctuante. Il existe là encore plusieurs formes admises : Iseut, Iseult, Yseut, Yseult. Pour notre part, nous retenons la forme employée dans l'unique manuscrit de l'œuvre : Yseut.

UN AUTEUR ANGLO-NORMAND

Le nom de Béroul lui-même ne nous apprend pas grand chose. Béroul (en latin *Beroldus* ou *Berulfus*) est en réalité un prénom ; les noms de famille ne se répandent qu'aux XIVe et XVe siècles. Certainement originaire du nord-ouest de la France (et ayant vécu dans la région de Chartres), Béroul peut avoir écrit pour un public parlant l'anglo-normand installé soit en Angleterre, soit en Normandie. L'unique manuscrit qui contient son œuvre est actuellement conservé à la Bibliothèque nationale de France. Écrit en ancien français, il présente des caractéristiques linguistiques qui sont celles de l'anglo-normand, c'est-à-dire l'ancien français parlé à la fois en Normandie et en Angleterre au XIIe siècle (cf. carte linguistique, p. 14).

En effet, en 1066, eut lieu la bataille d'Hastings, dont l'histoire est racontée sur la tapisserie de Bayeux, véritable reportage médiéval en forme de bande dessinée. Cet affrontement assure la victoire de Guillaume le Conquérant et l'occupation de l'Angleterre par les Normands. Des nobles normands s'installent ainsi en Angleterre et y apportent à la fois leur langue (ancien français) et leur civilisation, ce qui permettra d'établir des liens culturels et politiques étroits entre les Îles britanniques et le continent. Les transferts culturels entre ces deux régions d'Europe sont essentiels pour comprendre la naissance des littératures médiévales non latines, particulièrement la littérature française.

Un personnage clé de la politique du XIIe siècle, le roi d'Angleterre Henri II Plantagenêt (né au Mans en 1133 et mort à Chinon en 1189), a probablement joué un rôle dans la vie et l'œuvre de Béroul. La littérature de cette époque vit essentiellement du mécénat et les œuvres littéraires sont une distraction de luxe que s'offrent des personnages riches et puissants. Ils rétribuent des auteurs auxquels ils passent des commandes. Il est vraisemblable que Béroul qui vivait sur les terres contrôlées par le roi Henri II ait été engagé par ce dernier ou par un membre de sa cour pour écrire son *Tristan et Yseut* (cf. carte politique, p. 13).

Henri II avait épousé en 1152 Aliénor d'Aquitaine, une jeune femme noble et riche. C'était l'ancienne épouse du roi de France Louis VII, qui l'avait répudiée en lui reprochant de ne pas lui avoir donné d'héritier mâle. L'une des filles d'Aliénor et de Louis VII était pourtant Marie de Champagne, bien connue de l'histoire littéraire du Moyen Âge puisque c'est elle qui commanda à Chrétien de Troyes *Le Chevalier de la Charrette*. En épousant Henri II, Aliénor fit un grand mariage d'amour et Henri II réalisa une excellente opération politique puisqu'il recueillit les vastes territoires français (Aquitaine en particulier) que lui léguait son épouse. Aliénor et Henri II aimaient les arts et la littérature[1]. Ils entretenaient dans leurs cours de France et

---

1. R. Lejeune, « Le rôle littéraire de la famille d'Aliénor d'Aquitaine », *Cahiers de civilisation médiévale*, N° 1, 1958, p. 319-337.

d'Angleterre toute une cohorte d'artistes et d'écrivains qui offraient aux souverains des productions artistiques et littéraires capables de leur plaire. Béroul dut fréquenter la cour d'Henri II et d'Aliénor, et c'est sans doute pour eux qu'il composa son œuvre. Sans vouloir systématiquement chercher un écho de la réalité historique dans le roman de Béroul, on peut se demander néanmoins si la reine Yseut (qui épouse contre son gré le roi Marc) ne s'apparente pas, par certains côtés, à la duchesse Aliénor qui dut épouser pour de pures raisons politiques le roi de France Louis VII. Dans ce contexte, Tristan ne serait-il pas l'amant idéal qu'Aliénor rencontre en la personne d'Henri II ? Le drame des femmes mariées contre leur gré fait partie des thèmes romanesques privilégiés au XIIe siècle, et le public des cours royales, très amateur de romans, était composé d'au moins autant de femmes que d'hommes. Dans ces conditions, comment s'étonner du succès de l'histoire d'Yseut, surtout lorsque la reine Aliénor, grande ordonnatrice de la vie littéraire de son temps, pouvait y trouver, comme pour l'exorciser, le souvenir du drame qu'elle avait vécu, et que vécurent également nombre de femmes du Moyen Âge ? Marie de France (à ne pas confondre avec la comtesse Marie de Champagne), autre écrivain de la même époque, travailla également pour Henri II, et aborda dans des contes (intitulés *Lais*) ce même thème en relatant un court épisode de la légende de Tristan dans son lai du *Chèvrefeuille*[1].

Sur le plan culturel, les nobles normands installés depuis le XIe siècle en Angleterre ne font pas qu'imposer leurs usages ; ils subissent aussi l'influence locale. Ils découvrent en particulier tout un univers de contes et de légendes parmi lesquelles il faut mentionner celle de Tristan et Yseut bien sûr mais aussi celle du roi Arthur. Ce personnage n'apparaît pas par hasard dans le roman de Béroul. Des conteurs professionnels se chargent de diffuser ces vieux récits non seulement dans les cours anglaises mais également sur le continent. Même au Moyen Âge, la Manche n'a jamais constitué un obstacle maritime majeur entre la France et l'Angleterre.

1. Marie de France, *Lais*, traduction de Ph. Walter, Gallimard, 2000 (Folio classique).

Béroul dit avoir gardé l'histoire de Tristan et Yseut « en mémoire ». Il n'en est donc pas l'inventeur, mais plutôt le transcripteur. Ayant entendu un ou plusieurs conteurs, il a sans doute cherché à conserver le souvenir précis de leur récit. Au vers 1265, le narrateur parle de « conteurs » qui ont raconté (avant lui) l'épisode des lépreux. Mais il dit aussi avoir vu cette histoire par écrit, et il faudrait alors penser que certains épisodes de l'histoire de Tristan avaient déjà été consignés. Autrement dit, Béroul se fonderait sur des sources à la fois orales et écrites pour écrire son roman. S'il n'a pas véritablement inventé l'histoire de Tristan et Yseut, il lui a imposé sa marque personnelle en lui donnant un style particulier et en y introduisant une signification que lui dictait son milieu d'appartenance qui était probablement l'Église.

UN HOMME D'ÉGLISE

Les écrivains du XIIe siècle sont mal connus, et n'ont laissé aucun témoignage sur leur vie personnelle. Qui cela pouvait-il intéresser à une époque où le vedettariat littéraire n'existe pas, où l'individu doit se fondre dans la collectivité, et où l'individualisme est mal vu ? À cette époque en effet, écrire des œuvres littéraires dans la langue de tous les jours ne va pas de soi. Pour être considéré, il faut écrire en latin, qui est la langue des savants et des hommes de pouvoir (en particulier celle de l'Église). D'ailleurs, seuls les gens d'Église (prêtres, moines, évêques) savent lire et écrire, et toutes les écoles, qui apprennent à lire et à écrire uniquement en latin, se trouvent sous le contrôle du clergé. Au XIIe siècle, certains de ces hommes d'Église se mettent à écrire en français, ce qui est alors d'une remarquable nouveauté, et constitue une révolution mentale et culturelle. La littérature française allait naître de leur audacieuse et géniale tentative.

Béroul est connu pour avoir composé une autre œuvre littéraire d'importance, d'inspiration nettement religieuse puisqu'il s'agit d'un texte intitulé le *Purgatoire de saint Patrice*. C'est une version d'un de ces récits de voyage dans l'au-delà où un chevalier assiste aux tourments des âmes des morts devant expier leurs fautes.

Carte politique de la France au XIIe siècle

Cette carte montre l'étendue du royaume anglo-normand gouverné par Henri II Plantagenêt vers 1170.

En superposant la carte linguistique et la carte politique on peut pressentir le lieu d'activité de Béroul (zone du dialecte normand et anglo-normand).

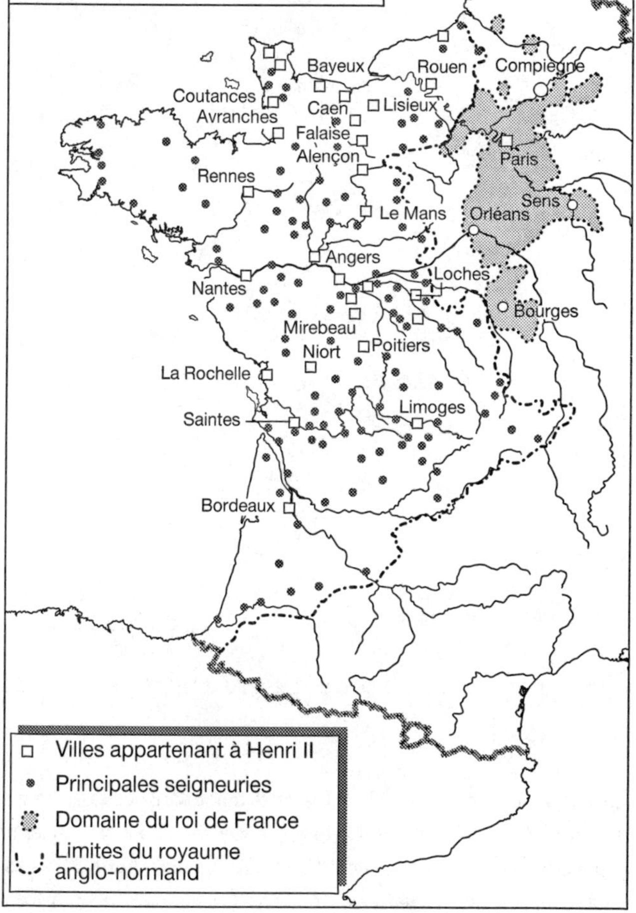

Carte des dialectes gallo-romans dans la France médiévale

D'après Pierre Fouché. Phonétique historique du Français. Paris. Ed Klincksieck.1952.

Le Purgatoire est le lieu où la plupart des âmes sont accueillies après la mort, et doivent séjourner le temps nécessaire pour se purifier de leurs péchés avant de rejoindre le Paradis. Le chevalier observe les âmes suppliciées, et reconnaît certains de ses amis en proie aux tourments à cause de péchés qu'ils ont commis. Après avoir côtoyé l'Enfer où règnent une terreur et une damnation éternelles, le chevalier revient dans le monde humain. Il pourra alors témoigner de ce qu'il a vu et inciter les vivants à mener une vie exemplaire, et à suivre les commandements de l'Église afin d'éviter de semblables supplices. Le récit de Béroul devient moralisateur : il se conclut sur une incitation collective à la pénitence. L'avertissement est clair, et le ton est vraiment celui d'un homme d'Église. On peut alors se demander si *Tristan et Yseut* qui a été composé avant le *Purgatoire* ne contient pas justement la même insistance sur les valeurs religieuses. Un ermite fait la morale aux amants. N'est-il pas une sorte de porte-parole de Béroul lui-même ?

PREMIÈRE PARTIE

Résumé de *Tristan et Yseut*

Le roman de Béroul n'offre pas l'histoire complète de Tristan et Yseut, qui est relatée dans d'autres versions conservées comme le *Roman de Tristan* de Thomas et surtout dans la reconstitution arbitraire du roman « primitif » par Bédier (en 1900). Nous étudions ici l'œuvre de Béroul, qui est certainement le plus ancien de tous les fragments tristaniens. On situe sa composition entre 1150 et 1190. Le seul manuscrit dans lequel il est conservé est en effet incomplet au début et à la fin. Il est donc impossible de connaître avec précision les épisodes manquants, mais par comparaison avec d'autres versions écrites de la légende, il est possible de reconstituer au moins une partie de ces épisodes absents. Au XIIIe siècle, une saga écrite en norrois (la langue des Vikings) offre une version complète de l'histoire tristanienne[1], et à la même époque, un romancier allemand traduit un texte tristanien français qui pourrait bien être celui de Béroul. Ces deux versions permettent de se faire une idée des épisodes absents du roman de Béroul.

L'HISTOIRE DE TRISTAN ET YSEUT AVANT LE FRAGMENT DE BÉROUL

La mère de Tristan meurt en lui donnant la vie. Son père étant tué au cours d'une bataille, l'enfant est élevé par Rohalt, et reçoit de Gouvernal une solide éducation ; il apprend les règles de la chevalerie. Devenu adulte, Tristan est enlevé par des marchands norvégiens mais finit par s'évader et débarque en Cornouailles. Il est alors présenté au roi Marc, son oncle maternel qui réside au château de Tintagel, et se met à son service.

Il accomplit un premier exploit en affrontant le Morholt. Il s'agit d'un chevalier géant envoyé en Cornouailles par le roi d'Irlande pour prélever un tribut. Chaque année des jeunes gens du royaume de Cornouailles sont emmenés en Irlande par le Morholt et on ne les

1. On pourra lire cette saga dans la traduction de Daniel Lacroix parue avec notre traduction des textes français : *Tristan et Iseut. Les poèmes français. La saga norroise*, Le Livre de poche, 1989 (collection Lettres gothiques, p. 483-626).

revoit jamais. Tristan décide d'affronter le Morholt afin de faire cesser cette cruelle coutume. Il remporte la victoire sur le géant mais est blessé à mort par une arme empoisonnée. Sa blessure exhale une telle puanteur qu'elle risque de provoquer une effroyable épidémie dans le royaume, et il faut éloigner Tristan pour le bien de tous. On l'installe sur une barque qui va dériver sur la mer d'Irlande, où il sera recueilli par la reine et par sa fille Yseut, respectivement sœur et nièce du géant Morholt. Tristan est soigné par Yseut et, une fois guéri, quitte l'Irlande pour retourner auprès de Marc.

Trois barons félons (Ganelon, Godoïne et Denoalain) obligent le roi Marc qui est célibataire à prendre une épouse. Il lui faut un héritier pour transmettre son royaume. Marc décide d'épouser la belle Yseut dont il a entendu parler par Tristan. Son neveu repart en Irlande chercher la jeune femme, mais est obligé de combattre un dragon afin de la conquérir. Yseut comprend très vite que Tristan ne la prendra pas pour femme, mais la destine à un homme (le roi Marc) qu'elle n'aime pas. Elle s'en ouvre à sa mère, qui fabrique un breuvage ayant pour effet de rendre immédiatement amoureux quiconque en boira. La reine remet cette potion à la servante d'Yseut nommée Brangien.

Au cours du voyage qui les ramène en Cornouailles, alors qu'il fait très chaud, Tristan et Yseut demandent à boire à Brangien. La servante se trompe de flacon et leur donne le philtre d'amour. Les effets du breuvage sont immédiats : Tristan et Yseut tombent amoureux. Poursuivant leur voyage, ils arrivent au château de Tintagel où Yseut est accueillie par le roi Marc qui l'épouse aussitôt. Yseut devient reine de Cornouailles, mais c'est Brangien qui prendra sa place dans le lit nuptial car Yseut ne veut et ne peut aimer que Tristan. Elle tient secret son amour et cherche même à tuer Brangien qui sait toute l'affaire. L'entreprise échoue, et Yseut se réconcilie avec Brangien.

VERS 1 À 319

Le roi Marc guette le rendez-vous des amants

Trois barons du roi Marc, Ganelon, Godoïne et Denoalain, savent que Tristan et Yseut entretiennent un amour adultère et se donnent des rendez-vous clandestins à l'insu du roi. Jaloux de Tristan, ils en avertissent Marc qui décide alors d'épier ces entretiens secrets. Le nain Frocin, qui sait lire l'avenir dans les astres, prédit que les amants se rencontreront le soir même près d'une fontaine. Le roi Marc se cache dans un grand pin qui surplombe la fontaine, et peut entendre tout ce que se disent les amants. Mais, l'image du roi se reflète dans l'eau. Tristan et Yseut déguisent aussitôt leur discours et voilent leurs sentiments. Ils laissent croire à Marc qu'ils n'éprouvent rien l'un pour l'autre, et se reprochent mutuellement de prendre l'initiative de rendez-vous clandestins pour tromper la confiance du roi. Entendant ce discours, le roi Marc est alors convaincu de la fausseté des accusations portées contre sa femme et son neveu.

VERS 320 À 572

Yseut regagne la confiance de son mari

Marc veut se venger des félons mais les adversaires des amants ne désarment pas pour autant. Le nain Frocin, expert en astrologie, lit dans les astres que le roi Marc veut le tuer, et s'enfuit au pays de Galles. Pendant ce temps, Yseut se félicite avec Brangien de l'heureuse conclusion de son entretien avec Tristan. Marc ne s'est pas encore manifesté mais vient trouver sa femme, et Yseut en profite pour lui dire ce qu'il sait déjà, c'est-à-dire qu'elle a rencontré Tristan. Elle feint l'étonnement lorsque Marc lui avoue à son tour qu'il a assisté à leur entretien. Yseut joue parfaitement la comédie, et Marc n'a plus aucun soupçon sur la fidélité de sa femme et de Tristan.

VERS 573 À 826

La revanche de Frocin et des barons félons

Les trois barons félons, toujours à l'affût des moindres faits et gestes des amants, se scandalisent de leurs incessantes rencontres clandestines, et mettent en demeure le roi Marc de faire cesser ce manège mais ils doivent, au préalable, prendre les amants en flagrant délit d'adultère. Frocin sera encore l'artisan du piège : Marc enverra Tristan en mission, loin de Tintagel, et, avant de partir, Tristan voudra certainement rencontrer Yseut pour lui faire ses adieux. On pourra alors le prendre sur le fait et dénoncer l'adultère. Pour que la preuve de cette rencontre soit irréfutable, le nain Frocin répand une farine bien blanche autour du lit d'Yseut. Il sera ensuite facile de voir la moindre trace des pas de Tristan. Mais Tristan qui dort dans la chambre royale a remarqué le manège du nain et évite de marcher sur la farine. Il rejoint Yseut en bondissant jusque dans le lit de la reine. Malheureusement, lors du saut, une vieille blessure de chasse se rouvre et se met à saigner. Son sang coule sur la farine et sur les draps. A ce moment précis, le roi Marc et ses hommes rentrent dans la chambre, prennent Tristan en flagrant délit et procèdent à son arrestation. La preuve de sa culpabilité est manifeste. La reine et Tristan sont ligotés et condamnés au bûcher. On les conduit sur le lieu du supplice.

VERS 827 À 1270

L'évasion des amants

Tristan demande une dernière faveur. Il veut se recueillir dans une chapelle qui surplombe une falaise et demande qu'on lui ôte ses liens. On ne peut lui refuser cette ultime prière ; il entre dans la chapelle, ouvre une fenêtre et se jette dans le vide. Par miracle, ses vêtements le freinent durant sa chute, et il atterrit sur une pierre sur laquelle il laisse l'empreinte de ses pieds. Cette pierre porte depuis le nom de *Saut de Tristan*.

Tristan est libre. Son écuyer Gouvernal vient à son secours et lui apporte ses armes. Dissimulé dans un bosquet, Tristan attend le passage du cortège qui détient toujours Yseut prisonnière.

Entre temps, Marc apprend l'évasion de Tristan. Furieux, il est plus que jamais décidé à faire mourir Yseut sur le bûcher. Seul contre tous, le seigneur de Dinan nommé Dinas, un ami des amants, prend la défense de la reine en implorant la clémence de Marc. Il prévient le roi que les représailles de Tristan seront terribles si Yseut était brûlée, et que le royaume de Cornouailles serait alors plongé dans l'anarchie. Dinas propose de garder la reine chez lui mais Marc refuse. Une troupe de lépreux arrive ; ils proposent de prendre Yseut à leur service. La vie misérable parmi les lépreux, dans un milieu répugnant, constituera un châtiment encore plus durable et plus atroce que le bûcher. Ravi, Marc accepte la proposition et remet Yseut aux lépreux. Mais la troupe passe près du bosquet où s'est caché Tristan, et ce dernier n'a aucun mal à les effrayer sans leur faire de mal. Yseut est délivrée.

VERS 1271 À 1773

La vie des amants dans la forêt du Morrois

Tristan se rend avec Yseut vers la forêt du Morrois. Les amants s'installent dans les bois pour une longue période. Entre temps, le nain Frocin révèle que le roi Marc possède des oreilles de cheval. Furieux, Marc le décapite. Dans la forêt, Tristan et Yseut rencontrent par hasard l'ermite Ogrin qui leur tient un véritable sermon, les poussant à se repentir et à mettre un terme à leur vie dissolue. Les amants expliquent qu'ils ne sont pas libres de leurs actes car ils se trouvent sous l'emprise d'un philtre, mais l'ermite ne veut rien savoir. Tristan et Yseut sont toujours dans la forêt et nul ne sait où ils se cachent. Husdent, le chien de Tristan, est resté au château de Marc et, une fois détaché, retrouve les traces son maître. Les hommes de Marc pensent un moment que Husdent pourra les conduire vers Tristan mais ils perdent le chien de vue, et tout espoir de localiser Tristan disparaît. En revoyant son maître, Husdent exulte mais les amants ne sont pas rassurés car les aboiements risquent de trahir leur présence dans la forêt. Sur le conseil d'Yseut, Tristan décide de dresser son chien à rester silencieux.

Le séjour dans le Morrois se prolonge. Gouvernal, l'écuyer de Tristan, surprend soudain l'un des barons des félons en train d'espionner les amants, et Gouvernal a tôt fait d'attaquer l'intrus et de le décapiter. Plus personne n'ose pénétrer dans la forêt de crainte d'être massacré. Tristan fabrique l'Arc Infaillible qui ne manque jamais sa cible, et grâce à cette invention, les amants peuvent manger du gibier en abondance.

VERS 1774 À 2132

Les amants découverts et épargnés

Un jour, au début de l'été, les deux amants épuisés par leur dure vie dans la forêt, se couchent et s'endorment en plein midi. Un garde forestier qui a repéré leur cachette va révéler celle-ci au roi Marc. Le roi vient alors seul dans la forêt et aperçoit les amants endormis. Il est sur le point de les transpercer de son épée mais se ravise lorsqu'il remarque que Tristan et Yseut sont entièrement habillés et que l'épée de Tristan est placée entre leurs deux corps endormis. Marc leur laisse la vie sauve mais veut laisser une trace de son passage. Pour montrer qu'il a eu pitié d'eux, il échange son épée contre celle de Tristan et sa bague contre celle d'Yseut. Durant son sommeil, la reine fait un cauchemar : deux lions s'approchent d'elle et veulent la dévorer. Elle pousse un cri. Les amants se réveillent, et, remarquant les signes laissés par le roi Marc, craignent pour leur vie.

VERS 2133 À 2764

Fin des effets du philtre. Tentative de réconciliation avec Marc

Le lendemain de la Saint-Jean, le philtre perd tous ses effets et les amants retrouvent leur conscience. Tristan et Yseut regrettent leur vie d'antan, et décident de retourner chez l'ermite Ogrin pour lui demander de l'aide. Comme les amants se repentent sincèrement, Ogrin accepte de les aider à se réconcilier avec le roi Marc. Il écrit une belle lettre présentant les faits de manière avantageuse pour les amants, et atténue leur culpabilité tout en proposant des compromis acceptables pour les deux parties. Assisté de ses barons, Marc écoute la lecture de la lettre et répond à Tristan : il accepte que la reine reprenne sa place à la cour, mais il exige l'exil de Tristan.

VERS 2765 À 3027

Séparation des amants

Les amants se séparent après une longue scène d'adieux et après avoir échangé des gages d'amour. Yseut donne une bague à Tristan qui lui offre en retour son chien Husdent. Yseut est accueillie triomphalement alors que Tristan trouve refuge chez le forestier Orri et reçoit régulièrement des nouvelles d'Yseut. Malgré l'éloignement de Tristan, les barons félons ne sont toujours pas satisfaits de la situation.

VERS 3028 À 3282

Yseut est obligée de se justifier en public

Craignant la vengeance de Tristan, les barons félons menacent de faire la guerre au roi Marc si celui-ci tolère le retour de son neveu à la cour. Marc, qui redoute leurs menées subversives, aimerait avoir Tristan à ses côtés pour le défendre. Il fait part de ses soucis à Yseut qui lui propose une solution : elle jurera solennellement, devant les plus hautes autorités de l'Église et du pouvoir, qu'elle n'a jamais entretenu de relations coupables avec Tristan. Ainsi, les amants seront disculpés et les barons félons cesseront leurs attaques. Yseut propose même que le roi Arthur en personne préside le serment public. Marc approuve cette solution et la procédure est lancée.

VERS 3283 À 3608

Préparatifs du serment public

La cérémonie aura lieu à la lisière d'un marécage nommé le Mal Pas. Yseut organise toute une mise en scène et arrange les modalités de la procédure et, tandis qu'on part chercher le roi Arthur, Yseut demande à Tristan de se déguiser en lépreux et de se poster au bord du Mal Pas.

VERS 3609 À 3980

Le bourbier du Mal Pas

Lorsqu'arrive le jour fixé, tout le monde doit traverser le marécage. Les barons félons tombent dans la boue et gigotent de façon ridicule pour sortir du bourbier. Tristan, déguisé en lépreux, joue la comédie en demandant l'aumône au roi Arthur puis au roi Marc. Arrive alors Yseut qui, pour traverser le marécage sans se salir, monte sur le dos du lépreux. Elle lui ordonne de la transporter de l'autre côté de la rive, et le lépreux Tristan rit sous cape en effectuant la traversée du Mal Pas avec Yseut sur son dos.

VERS 3981 À 4266

L'habile serment d'Yseut

Le moment solennel du serment arrive. On demande à Yseut de jurer sur les reliques qu'elle n'a jamais eu de relations coupables avec Tristan. Yseut déplace quelque peu les termes du serment en déclarant que jamais un homme n'est entré entre ses cuisses sinon le roi Marc, son époux, et le lépreux qui lui a fait traverser le marécage. Ainsi l'honnêteté d'Yseut est prouvée et la reine est disculpée aux yeux de tous. Avant cet épisode, Tristan a ôté son déguisement de lépreux et repris son apparence de chevalier mais, sous son armure, personne n'est en mesure de le reconnaître. Il se mêle alors, avec Gouvernal, aux tournois organisés pour l'occasion et on le nomme le « Noir de la Montagne » car il possède un cheval revêtu de noir ainsi que des armoiries toutes noires. Tristan se bat avec une telle énergie qu'il vainc tous ses adversaires. Il tue, sans le reconnaître, un chevalier nommé Andret tandis que Gouvernal exécute lors d'un assaut le garde forestier qui a dénoncé les amants. Après ses exploits, Tristan repart incognito.

VERS 4267 À 4485

Tristan tue deux des barons félons

Après le serment et la disculpation officielle d'Yseut, Tristan peut revenir vivre auprès de Marc et de la reine. Les entrevues des amants reprennent de plus belle et, à nouveau, les félons épient les amants. Deux d'entre eux, Denoalain et Godoïne, sont tués alors que, cachés, il surveillent la chambre d'Yseut. Le roman de Béroul se termine, au milieu d'une phrase, sur le cri de Godoïne, agonisant.

Béroul ne raconte ainsi ni le mariage de Tristan avec une autre Yseut, nommée Yseut aux Blanches Mains, ni la célèbre mort d'amour de Tristan et Yseut, issue tragique qu'on associe à l'amour-passion des deux personnages. Un autre auteur nommé Thomas d'Angleterre racontera ces épisodes dans son propre *Roman de Tristan*, mais c'est une autre histoire.

DEUXIÈME PARTIE

Problématiques essentielles

1 Mythe, légende et « roman »

Lorsqu'on évoque les noms de Tristan et Yseut, le mot *mythe* surgit spontanément à l'esprit. On croit en effet tenir dans ce récit un exemple parfait de ces vieilles histoires qui remontent à la nuit des temps et sont remplis de « symboles ». Cela n'est pas faux, mais il faut garder à l'esprit la façon dont les choses ont pu se dérouler. On ne peut pas vraiment comparer la création littéraire au Moyen Âge et celle de l'époque moderne. La littérature en (ancien) français ne commence véritablement qu'au XIIe siècle, et est tributaire d'une longue tradition orale que l'on connaît mal mais qui, sous l'influence de facteurs sociologiques et culturels, prend une forme écrite à ce moment de l'histoire de l'Occident médiéval. À vrai dire, c'est la traduction de textes latins en français qui va permettre à la littérature française de prendre son essor. Vers 1150, on se met à traduire en français et cela permet la naissance des premiers romans (le *Roman d'Énéas* par exemple est une traduction libre de l'*Énéide* de Virgile). À la même époque, on se met également à transcrire des contes issus d'une tradition orale qui n'est pas « française » au départ, et le roman de Béroul appartient à cette catégorie. Ce que l'on appelle « roman » résulte justement de cet effort d'adaptation en français (en *langue romane*) de contes et de récits étrangers.

LA MÉMOIRE MYTHIQUE

Béroul avoue à plusieurs reprises qu'il n'a pas inventé l'histoire de Tristan et Yseut. Il s'est contenté de reprendre un ou plusieurs récits existant sous une forme orale et de les améliorer. Il parle d'une « histoire » (v. 1789) qui préexistait à son récit, et on peut penser qu'il a rassemblé un ou plusieurs contes pour former un récit cohérent. Mais, si Béroul n'a pas inventé de toutes pièces cette histoire, d'où vient-elle ? Certainement de très loin, et il n'est pas interdit de parler d'une origine mythique.

Le mythe nous apparaît comme un récit lointain et archaïque qui met en jeu les questions fondamentales de la condition et de la destinée de l'homme. Anciennement, c'est un récit qui raconte des actions divines ou des hauts faits de héros devenus demi-dieux : les combats contre des monstres et d'autres événements merveilleux constituent souvent les thèmes de base de ces récits fondateurs. Les plus anciens mythes reflètent en fait les croyances religieuses des civilisations disparues. Progressivement, ces récits ont perdu leur caractère sacré, et ont été conservés par les sociétés ultérieures (par exemple celle du Moyen Âge chrétien) qui les transforma petit à petit en récits légendaires. Le mot légende signifie étymologiquement « ce qu'il faut lire », ce dont on va conserver la mémoire grâce à l'écriture. C'est la mission que se donne Béroul ou sa source : transformer en écrit une histoire qui n'existait jusqu'alors que sous une forme orale.

On peut rechercher les origines de certains épisodes du roman de Béroul dans la plus vieille mythologie de l'Europe. Il ne s'agit jamais d'emprunts directs par exemple à la mythologie grecque même si l'épisode du Morholt ressemble par bien des aspects à l'histoire de Thésée et du Minotaure. Le Morholt, comme le Minotaure, prélève annuellement un impôt humain dans un royaume voisin du sien. Il vient chercher des jeunes gens qu'il ramène ensuite chez lui et qui disparaissent à tout jamais. Les écrivains médiévaux n'ont pas vraiment « copié » leurs épisodes romanesques sur des modèles grecs, mais se sont inspirés d'une matière fabuleuse, essentiellement orale, transmise par de multiples générations de conteurs qui vivaient dans les Îles britanniques depuis plusieurs siècles.

D'autres épisodes tristaniens, plus imprégnés de merveilleux, relèvent de la mythologie que l'on qualifie parfois de « celtique ». Elle a existé parallèlement à la mythologie grecque, et est aussi ancienne qu'elle. Les analogies entre les mythes grecs et celtiques s'expliquent d'ailleurs par une lointaine origine commune, beaucoup plus que par un emprunt direct de l'une (celtique) à l'autre (grecque). Le roi Marc est celtique : il a des oreilles de cheval. Le roi grec Midas possède des oreilles d'âne, et peut lui être comparé, même s'il n'est pas victime des mêmes mésaventures conjugales. Il est tout à fait possible que les deux rois possèdent un ancêtre mythique commun qu'il faudrait chercher dans une mythologie encore plus ancienne que celle des Celtes et des Grecs.

Qui étaient les Celtes ? On désigne en fait sous ce terme toute une catégorie de peuples et tribus qui vivaient à partir du VIe siècle avant Jésus Christ au centre de l'Europe actuelle (Autriche, Suisse, sud de l'Allemagne). Pendant trois siècles, ils vont connaître une période d'expansion et se répandre dans toute l'Europe, y compris en Gaule, dans la péninsule ibérique et dans les Îles britanniques. Bien qu'ils n'aient jamais formé un empire au sens politique du terme, ils constituèrent une véritable menace pour la république romaine qui lança contre eux une puissante offensive militaire. Celle-ci, initiée par Jules César en Gaule, aboutit à la colonisation puis à l'assimilation culturelle des populations gauloises. Il en fut de même pour une partie de l'Angleterre, mais non pour l'Irlande. Et dans les zones qui échappèrent à la présence romaine, les vieilles traditions celtiques restèrent très vivaces. Elles survécurent jusqu'au Moyen Âge, où elles accédèrent à l'écriture (à partir du XIIe siècle). Jusque là, toutes ces histoires étaient restées au stade oral car personne n'éprouvait vraiment le besoin d'en garder une trace écrite. Elles ressemblaient fort à ces contes traditionnels que les grands-parents de jadis racontaient à leurs enfants. Cette longue, voire très longue histoire des récits de Tristan explique pourquoi le cadre de ce premier grand « roman » écrit en français est l'Angleterre.

Des œuvres irlandaises (donc celtiques) du Moyen Âge présentent des analogies avec certains épisodes primitifs du roman de Béroul. Tout une catégorie de récits de la vieille mythologie irlandaise[1] racontait effectivement des histoires d'enlèvements, comme c'est le cas

1. Sur cette vieille littérature européenne : P. Y. Lambert, *Les littératures celtiques*, PUF, 1981 (collection *Que sais-je ?*)

dans *Diarmaid et Grainne*. Grainne est la jeune épouse d'un guerrier nommé Finn, et elle va provoquer Diarmaid, le neveu de son mari en lui lançant un défi. Diarmaid doit enlever Grainne. Les deux personnages vont s'enfuir dans une forêt où ils seront traqués par Finn. Chaque soir, Diarmaid place une pierre entre sa couche et celle de Grainne, et y pose un morceau de viande pour bien faire comprendre qu'il n'a pas attenté à l'honneur de la femme de son oncle. Les analogies avec l'histoire de Tristan et Yseut sont frappantes : Diarmaid/Tristan est amoureux de la femme (Yseut/Grainne) de son oncle (Finn/Marc). Les amants vivent dans la forêt en personnages traqués ; Tristan use du même signe que Diarmaid en plaçant son épée entre son corps et celui d'Yseut pour signifier leur chasteté[1]. De plus, on ne peut s'empêcher de noter qu'Yseut est d'origine irlandaise, et que ce n'est certainement pas l'effet du hasard. *Diarmaid et Grainne* présente des analogies si frappantes avec le roman de Béroul, que l'on attribue parfois aux motifs tristaniens primitifs une origine irlandaise.

UNE LÉGENDE DEVENUE ROMAN

Le roman de Béroul se construit sur un socle de thèmes mythiques remontant peut-être à l'époque où l'on croyait en l'existence d'un monde des dieux, qui affrontait parfois le monde des hommes. Il n'est pas, pour autant, un pur récit mythique. Au fil du temps, les épisodes les plus anciens ont eu le temps de se métamorphoser et de s'adapter à des civilisations et des contextes différents. Devenus légendes grâce aux écrivains français qui les transcrivent au XIIe siècle, ces récits tristaniens deviennent en même temps « romans ». Le mot ne désigne pas encore à cette époque un genre littéraire bien défini mais seulement le fait que ces récits sont écrits en langue romane, c'est-à-dire en ancien français, par opposition au latin.

1. Sur cet épisode : J. Chocheyras, « Les symboles de la chasteté volontaire : des contes irlandais au *Tristan* de Béroul » : dans *Tristan et Iseut. Genèse d'un mythe littéraire*, Champion, 1996, p. 235-245.

Au cours de leur travail d'adaptation, les écrivains du XIIe siècle inventent des procédés d'écriture, de style et de composition. Aucune théorie médiévale du roman ne vient pour autant livrer des recettes que les romanciers auraient appliquées sommairement : le roman français du XIIe siècle s'invente dans l'improvisation. Chaque écrivain propose ses propres solutions aux problèmes techniques du récit : comment décrire un personnage ? Comment exprimer le temps qui passe dans le récit ? Comment construire le récit ? Toutes les questions fondamentales de l'écriture du roman sont présentes dans l'esprit des premiers romanciers, dont Béroul fit partie. Ceux-ci possèdent une formation universitaire, assurée essentiellement en latin dans des écoles tenues par l'Église, et on ne s'étonne donc pas de trouver sous leur plume des références puisées dans des livres (la Bible en particulier), ce qui ne signifie pas pour autant qu'ils sont restés fermés à toute la culture orale de leur temps.

L'essentiel du travail d'adaptation de Béroul réside toutefois dans le souci de rapprocher le conte primitif, issu de la tradition orale, du milieu courtois auquel il destine son récit. On appelle *courtoisie* l'art de vivre à la cour des princes dont la littérature (la poésie des troubadours mais aussi les premiers romans) cherchent à donner une image idéale[1]. Cette nouvelle mode exalte des valeurs de distinction, d'élégance, et de générosité chevaleresque mais privilégie aussi un nouvel art d'aimer dont les troubadours, dès le début du XIIe siècle, avaient lancé l'idée : l'amour courtois que l'on préfère appeler maintenant *fine amor* est issu de ce milieu aristocratique. Pour se conformer à l'attente de ses auditeurs, le romancier doit gommer certains aspects de l'histoire, qu'il adapte afin de ne pas choquer ses auditeurs.

Le roman de Béroul offre un exemple parfait de ce travail d'adaptation. Lors de l'épisode des lépreux, Tristan et Gouvernal délivrent Yseut de la troupe infâme. Le narrateur s'interrompt soudain et commente : « Les conteurs [ceux qui ont transmis l'histoire de Tristan

---

1. R. Bezzola, *Les origines et la formation de la littérature courtoise en Occident (500-1200)*, Champion, 1958-1966.

avant Béroul] disent que les deux hommes [Tristan et Gouvernal] firent noyer Yvain mais ce sont des rustres ; ils ne connaissent pas bien l'histoire. Béroul l'a parfaitement gardée en mémoire. Tristan était bien trop preux et *courtois* pour tuer des gens de cette espèce » (v. 1265-1270). Le mot *courtois* est bien prononcé. Il est révélateur de l'état d'esprit dans lequel Béroul travaille son récit. Il n'était pas conforme à l'image d'un Tristan preux chevalier courtois, que celui-ci tuât des infirmes. Un chevalier digne de ce nom ne cultive pas la mesquinerie. Béroul modifie donc sur ce point la version des conteurs qui l'ont précédé. Son souci est bien de donner une image « courtoise » de Tristan, totalement conforme à celle qu'attend son public (essentiellement de hauts personnages d'une cour royale)[1].

Dans sa forme originale, le *roman* de Béroul n'a évidemment pas grand chose à voir avec un roman du XIXe siècle. Écrit en vers de huit syllabes, il ne ressemble en rien à nos modernes récits en prose (pourtant la prose romanesque apparaîtra déjà dans notre littérature au début du XIIIe siècle). Ce qui distingue toutefois pleinement le roman de la légende de Tristan, c'est l'apparition d'une analyse psychologique des personnages. Le personnage légendaire est souvent une silhouette sans grande profondeur, tandis que le personnage romanesque possède presque la consistance et la complexité d'un être de chair et de sang. C'est le cas pour Tristan et Yseut qui deviendront très vite des figures familières de l'imaginaire médiéval.

---

1. Sur ce problème de la courtoisie : J. Frappier, « Structure et sens du *Tristan* : version commune, version courtoise », *Cahiers de civilisation médiévale*, N°6, 1963, p. 255-280 et 441-454.

2 Structure de *Tristan et Yseut*

Au Moyen Âge, pour construire un récit, on n'utilise pas les mêmes règles qu'à l'époque classique ou romantique. Il n'est même pas certain qu'on utilise des règles, car il n'existe aucune théorie à ce sujet sinon quelques recettes de rhétorique. On s'inspire plutôt de quelques principes élémentaires de progression, de symétrie et d'opposition qui suffisent le plus souvent à créer un effet de construction. Un symbolisme particulier peut accompagner cette structure, comme c'est le cas dans le roman de Béroul.

UNE STRUCTURE DE LA JUXTAPOSITION

Le roman de Béroul obéit à un principe d'ensemble qu'on peut qualifier d'art de la juxtaposition. L'œuvre résulte d'une addition d'épisodes qui se succèdent parfois sans transition logique. Contrairement à l'usage de récits plus classiques, les ruptures entre les séquences du récit sont brutales, par exemple le court épisode des oreilles de cheval du roi Marc, est inséré dans un épisode qui lui est étranger.

Un souci d'authenticité

Ce mode de composition ne relève pas de la maladresse de l'auteur. Il rappelle au contraire la technique des rhapsodes de l'antiquité grecque ou celle des jongleurs médiévaux dans la chanson de geste (par exemple la *Chanson de Roland*). Le rhapsode désigne étymologiquement la personne qui « coud », qui « ajuste » des récits chantés, principalement d'origine épique pour raconter les hauts faits de guerriers héroïques. Il veut livrer avec la plus grande authenticité les éléments de la tradition dont il est dépositaire sans chercher à les édulcorer ni à les transformer pour les rendre compatibles entre eux. Dans *Tristan et Yseut*, ce type de composition par accumulation peut déconcerter le lecteur peu averti mais correspond à un souci de véracité légendaire manifesté par le conteur. Il montre que les séquences du récit sont autonomes dans l'assemblage narratif qui les juxtapose. Voici quelques exemples de passages brusques d'épisode à un autre. Après la scène qui relate la rencontre des amants, le récit s'interrompt et annonce : « Parlons à présent du nain bossu, Frocin » (v. 320). Frocin consulte les astres et le roi Marc part à sa recherche mais le nain s'est enfui. Sans transition, le récit continue : « Yseut est entrée dans sa chambre » (v. 339) et le récit se poursuit avec une discussion entre Brangien et Yseut.

Autre exemple : Tristan et Yseut sont dans la forêt du Morrois. Revenant de la chasse, Tristan vient de capturer un chevreuil. Il construit pour Yseut et pour lui une cabane de branchages tandis que Gouvernal fait la cuisine. Le narrateur souligne le séjour prolongé des amants dans les bois puis, brusquement, annonce : « Mais écoutez plutôt ce que le nain fit au roi ! » (v. 1306). Il raconte alors comment le nain Frocin révèle que Marc a des oreilles de cheval. L'épisode se termine par la décapitation de Frocin (v. 1349). Le narrateur revient alors à la vie des amants dans la forêt. On pourrait accuser ici Béroul de maladresse ou de manque du sens de la composition. Il intercale un épisode dans un autre sans se soucier de la cohérence d'ensemble de son récit. Il saute du coq-à-l'âne. En fait, cette brutale insertion s'explique par un effet de contraste : les amants vivent péniblement dans la forêt, et le responsable de cet exil (Frocin le nain) est décapité par le roi Marc. Comment ne pas comprendre ainsi que le nain est symboliquement puni, non seulement pour avoir révélé un secret qu'il devait garder à tout prix (les oreilles de cheval), mais aussi parce qu'il a nui aux amants ? Ainsi, quelque part, quelqu'un travaille pour les amants en faisant disparaître leurs ennemis. Béroul lui-même semble nous orienter vers cette interprétation en soulignant que bien des gens se réjouissent de la mort du nain « à cause de ses méchancetés envers Tristan et la reine » (v. 1348-1350). C'est ainsi que de secrètes transitions lient ces séquences disjointes et atténuent le brusque changement de point de vue narratif en faisant émerger un lien causal implicite entre ces épisodes juxtaposés.

Les sept scènes de l'épisode de la forêt du Morrois

Un dernier exemple de juxtaposition montre que cette technique n'est pas le fait de la seule maladresse. L'épisode de la forêt du Morrois se ramène à la juxtaposition de sept scènes différentes qui se situent dans une chronologie très floue. Le narrateur insiste plutôt sur la durée monotone de cette vie.

Une première scène présente Tristan en train de chasser (v. 1285-1305). « Un jour, par hasard » (v. 1363), les amants arrivent chez l'ermite Ogrin. Leur discussion est un échec, et la vie solitaire reprend. Nouvelle scène de chasse (v. 1423-1430), qui précède l'arrivée et le dressage du chien Husdent (v. 1437-1636). L'errance et les privations des amants paraissent sans fin (v. 1637-1655). Seul événement spectaculaire dans cette existence totalement vide, Gouvernal tue un félon (v. 1668-1748). Tristan s'adonne toujours à son unique activité, la chasse, et fabrique un arc infaillible (v. 1750-1773). La lassitude des amants est à son comble lorsque « un peu après la Pentecôte » (v. 1776), ils s'endorment en plein jour dans la cabane où Marc va les surprendre incognito. Derrière la juxtaposition apparente de plusieurs scènes de chasse, le temps semble se distendre. Le récit ne progresse plus, et est à l'image de la dissolution de l'existence des personnages, qui n'est plus rythmée par le temps de la société. Ainsi, l'accumulation d'épisodes centrés sur une thématique répétitive (la chasse) donne l'illusion d'une absence de progression narrative et de structure, et le récit se fait plus elliptique (que fait Yseut durant tout ce temps ?). Mais bientôt, l'émergence d'un repère chronologique clair (la Pentecôte) semble indiquer que le destin des personnages rejoint insensiblement le temps de la société. Un bouleversement se prépare dans le récit : la Saint-Jean, quelques vers plus loin, va confirmer cette impression.

UNE DATE PIVOT : LA SAINT-JEAN

Pour exprimer le temps dans un récit, les auteurs du Moyen Âge utilisent parfois les repères que fournit le calendrier[1]. Dans ce cas, on ne mentionne jamais une date (par exemple, le 3 février ou le 5 mars) mais toujours le nom du saint qui est fêté un jour précis de l'année. Il existe une hiérarchie parmi ces fêtes, et certaines sont plus importantes que d'autres. C'est le cas de la Saint-Jean mentionnée au vers 2147 du roman : « Le lendemain de la Saint-Jean furent révolus les trois ans d'effet qui avaient été assignés au breuvage ». Si Béroul était un moine, il devait parfaitement connaître tous les aspects du calendrier. Les moines célébraient l'office divin tous les jours et même plusieurs fois par jour. Ils récitaient des prières déterminées pour chaque jour de l'année, et connaissaient la succession des fêtes liturgiques qui, de Noël à la Pentecôte, rythmaient l'année. Ce calendrier des fêtes était devenu, pour la plupart des hommes du Moyen Âge, le seul moyen commode de percevoir le temps et la durée.

Il existe deux fêtes de la Saint-Jean dans le calendrier médiéval. La Saint-Jean d'hiver tombe le 27 décembre, au surlendemain de Noël : c'est la fête de saint Jean l'Évangéliste, auteur de l'un des quatre textes qui relatent la vie du Christ. La Saint-Jean d'été tombe le 24 juin : c'est la fête de saint Jean-Baptiste, le prophète et précurseur du christianisme qui baptisa le Christ dans l'eau du Jourdain. Dans le roman de Béroul, il s'agit très certainement de la Saint-Jean d'été puisque la Pentecôte est mentionnée au vers 1776 un peu auparavant. Comme la Pentecôte (fête mobile) tombe en mai ou en juin, c'est à la fête du 24 juin que Béroul fait probablement allusion.

Il convient de remarquer que les deux Saint-Jean ne sont pas placées par hasard à six mois d'intervalle, à deux moments importants du cycle annuel. Le solstice d'été (autour du 24 juin) et le solstice d'hiver (autour du 27 décembre) définissent deux moments clés de

---

1. Ph. Walter, *La mémoire du temps. Fêtes et calendriers de Chrétien de Troyes à la Mort Artu*, Champion, 1989 et « Le solstice de Tristan », *Travaux de linguistique et de littérature*, N°20-2, 1982, p. 7-20.

l'année. Au solstice d'été, les jours se mettent à raccourcir et les nuits à rallonger. Au solstice d'hiver, c'est l'inverse : les nuits raccourcissent et la durée du jour augmente. Les solstices règlent ainsi l'horloge des saisons. Le phénomène était bien sûr parfaitement connu au Moyen Âge et suscita des interprétations symboliques. Le solstice est, par définition, un moment où le temps bascule. Il marque le passage d'une période du temps à une autre. Il suggère l'idée d'une inversion.

Les mêmes idées s'appliquent à l'existence des amants. En effet, c'est autour de cette fête de la Saint-Jean que s'organise la structure du roman, mais également que bascule la destinée des personnages. Lorsque le philtre perd son effet magique, la vie des amants est transformée, et une autre période de leur vie s'ouvre. Ce passage se situe approximativement au milieu du roman (l'œuvre comporte en effet 4485 vers et, même si le manuscrit est incomplet, on peut penser qu'il manque autant de vers au début qu'à la fin de l'œuvre), et la mention de la Saint-Jean peut donc bien apparaître comme la clef de voûte de toute l'architecture de l'œuvre.

ÉCHOS ET SYMÉTRIES

Au-delà d'une apparente juxtaposition d'épisodes, une structure d'ensemble semble donc bel et bien se dessiner. Le roman de Béroul est construit en deux parties et bascule autour de la date symbolique de la Saint-Jean. La première partie du roman correspondrait à la vie des amants durant la période d'effet du philtre d'amour. La deuxième partie évoque leur devenir lorsque le philtre a cessé toute action. On pourrait ainsi opposer une première partie dominée par l'idée de la faute et du péché, à une seconde partie dominée par la tentative du rachat.

Il est facile d'observer la différence de style entre ces deux parties de l'œuvre. La première paraît plutôt rude dans son style et son atmosphère. Elle enchaîne de manière abrupte et dans un style âpre des épisodes plus ou moins développés. La seconde au contraire se déroule dans une ambiance très différente, que l'on peut qualifier de courtoise. Les épisodes paraissent plus longs et plus soignés dans leurs effets. La différence est si sensible que certains critiques se sont demandés si le roman n'avait pas été écrit par deux auteurs différents[1]. Ce n'est pas certain : Béroul peut avoir adopté un style plus archaïque dans un premier temps. En effet, tous les rappels de l'épisode primitif du Morholt se trouvent justement dans cette première partie. De même, l'évocation de la vie sauvage dans la forêt ne se prête guère non plus à l'élégance du style : il fallait conserver à cet épisode un style brut et abrupt avant d'adopter justement, dans la deuxième partie du roman, une écriture plus élaborée témoignant de l'élégance de l'esprit courtois lorsqu'Yseut rejoint triomphalement le monde de la cour et qu'Arthur, roi courtois par excellence, honore de sa présence un grand moment de l'œuvre.

La structure du roman joue aussi sur d'évidents effets de symétrie de part et d'autre de la date fatidique de la Saint-Jean. Il y a par exemple deux scènes où les amants rencontrent l'ermite Ogrin. La première entrevue (v. 1362-1422) a lieu par hasard lorsque les amants sont encore sous l'effet du philtre. La seconde (v. 2292-2452) se produit après la Saint-Jean lorsque le philtre n'agit plus et que les amants ont retrouvé leur pleine conscience. Dans la première scène, l'ermite engage avec les amants un véritable dialogue de sourds. Dans la seconde au contraire, Tristran et Yseut repentis viennent implorer l'aide de l'ermite pour retrouver les faveurs du roi Marc. La symétrie apparente des deux scènes montre une progression dans la psychologie des personnages.

Il y a également deux scènes symétriques où interviennent des lépreux. La première (v. 1155-1270) contient une séquence où Yseut, pour expier sa faute, manque d'être livrée à une troupe de malades sur décision du roi Marc. Heureusement, Tristan intervient et délivre la reine de cette cohorte lubrique. Dans la deuxième partie de l'œuvre, c'est Tristan lui-même qui se déguise en lépreux lors de l'épisode du Mal Pas (v. 3566-3980) et qui joue la comédie à

---

1. Guy Raynaud de Lage, « Faut-il attribuer à Béroul tout le *Tristan* ? », dans *Le Moyen Âge*, N° 84, 1958, p. 249-270, et N° 70, 1964, p. 33-38.

l'instigation d'Yseut. Il y a également, dans les deux parties, des scènes symétriques concernant les barons jaloux. Dans la première de ces scènes (v. 581-638), les trois jaloux sont très actifs et dénoncent les amants au roi Marc. Dans l'ultime épisode du roman, on assiste au contraire à l'extermination des mêmes barons félons par Tristan (v. 4355-4484). Ils sont finalement réduits à un état de pure passivité qui contraste avec leur activité d'antan. Le destin semble s'être retourné contre eux.

3 Les lieux de l'action

Le roman de Béroul se déroule dans un cadre tout à fait réel, qui peut laisser penser que Béroul connaissait les lieux pour les avoir peut-être fréquentés. Cette référence à des lieux existants était évidemment un moyen de donner à l'histoire une vraisemblance qu'elle n'aurait pas eue si ces lieux avaient été purement imaginaires. Il faut toutefois noter que ces sites ne pouvaient être familiers qu'à des lecteurs ou des auditeurs de la légende qui connaissaient effectivement la Cornouailles.

LE ROYAUME DE CORNOUAILLES

L'ensemble du roman de Béroul se déroule dans le royaume de Cornouailles. Une particularité orthographique mérite à ce propos d'être remarquée. On écrit la Cornouailles anglaise avec un « s » final pour la distinguer de la Cornouaille française qui se trouve en Bretagne. Située à l'extrême pointe sud-ouest de l'Angleterre, la Cornouailles est baignée par la mer des deux côtés de la bande de terre qui la constitue. Sa côte nord est ainsi séparée de l'Irlande par la mer, ce qui explique les trajets maritimes qu'accomplit Tristan entre Irlande et Cornouailles : c'est en Irlande qu'il va chercher la reine Yseut pour l'amener en Cornouailles chez le roi Marc. La côte sud est séparée de la Bretagne armoricaine par la Manche. C'est dans cette Bretagne française que Tristan envisage de partir en exil (v. 2247 et 2310).

La Cornouailles du roman est gouvernée par le roi Marc qui y possède deux de ses principaux châteaux : Tintagel et Lantien. La cité de Lantien (ou Lantyan) est un village tout à fait réel situé sur la rivière

Fowey, au sud. Le château de Tintagel se trouve au contraire sur la côte nord-ouest, et on peut y voir encore aujourd'hui les ruines d'une fortification qui passe pour être également attachée à la naissance du roi Arthur. C'est à Tintagel que le roi Arthur aurait été conçu par ses parents, si l'on en croit le *Roman de Merlin*.

Marc réside tantôt dans son château de Lantien, tantôt dans celui de Tintagel. Le fait est cohérent : il est d'usage au Moyen Âge que des personnages comme Marc ou Arthur possèdent plusieurs résidences. La royauté est itinérante. Ainsi, au XIIe siècle, le roi d'Angleterre Henri II possédait plusieurs demeures sur le continent et en Angleterre. Il résidait alternativement dans tous ses châteaux pour affirmer son autorité sur toutes les provinces de son vaste royaume. Dans le roman, Arthur règne sur le Pays de Galles. Tristan est envoyé chez Arthur à Carduel (v. 650 et 684), mais le roi peut tout aussi bien se trouver à Isneldone (v. 3373) ou à Carlion (v. 3368). Comme Marc, il voyage dans tout son royaume.

Béroul connaissait-il avec précision la région où se déroule l'histoire de Tristan et Yseut ? Ce n'est pas impossible, mais cela reste à démontrer. Béroul fait parfois référence à des endroits très précis, comme cette pierre dite du « Saut de Tristan » (v. 954), sur laquelle l'amant d'Yseut aurait laissé l'empreinte de ses pieds en se jetant de la falaise pour échapper aux hommes du roi Marc. Dans cet exemple, Béroul emploie la dénomination usitée par les gens du pays en déclarant que les Cornouaillais appellent encore cette pierre le *Saut de Tristan*. Et s'il ne déclare pas avoir vu cette pierre de ses propres yeux, il semble s'être entretenu avec des Cornouaillais qui connaissent l'endroit. Il en est de même pour la superbe étoffe dont on fit une chasuble (c'est-à-dire un vêtement liturgique) qu'Yseut offrit généreusement à l'église Saint-Samson. Elle se trouve toujours dans cette église, selon le témoignage des gens qui l'ont vue (v. 2995). Ces deux exemples dans le roman suffisent à donner une certaine crédibilité au récit. Il s'agit de rapprocher le monde mythique de la légende et l'univers quotidien des lecteurs.

Les châteaux de Cornouailles correspondent dans le roman de Béroul à l'espace de la société. Le monde du château représente

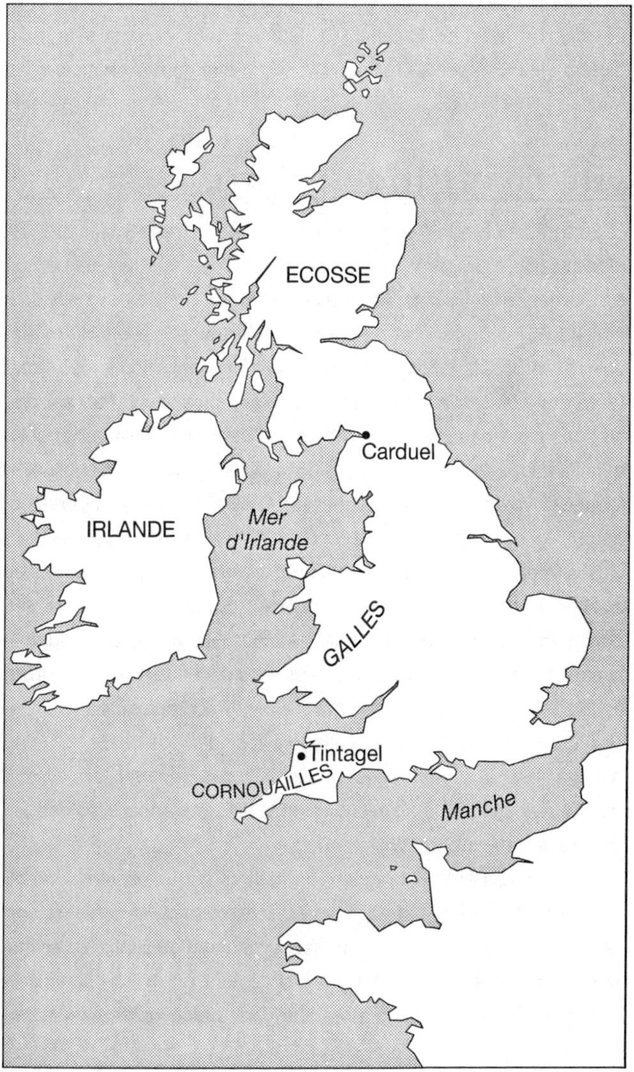
ECOSSE
Carduel
IRLANDE
Mer
d'Irlande
GALLES
Tintagel
CORNOUAILLES
Manche

l'univers du piège et de l'intrigue, et l'amour de Tristan et Yseut y est toujours menacé. Le nain, toujours prêt à dénoncer les amants, est qualifié de « nain de Tintagel » à deux reprises, comme si la malédiction qu'il représente était attachée au site même du château du roi Marc.

UNE FORÊT INQUIÉTANTE

La forêt du Morrois n'est pas un lieu entièrement imaginaire. S'il n'existe pas à proprement parler une étendue forestière de ce nom en Cornouailles, il existe un domaine du nom de Moresc près de la ville de Truro. Cette forêt ressemble à n'importe quelle forêt médiévale, mais possède également une fonction symbolique importante. La forêt n'est jamais au Moyen Âge un lieu où l'on se rend par plaisir : elle n'est pas un lieu de délices ou de repos paisible. Béroul la qualifie même de « désert » (v. 1305)[1]. On la fréquente par obligation (pour des voyages ou pour la chasse). C'est un endroit dangereux où hors-la-loi et bandits de grand chemin règnent en maîtres. Les mauvaises rencontres y sont fréquentes et nul ne s'y aventure seul (v. 1748-1749). Ainsi lorsque le roi Marc décide de se rendre seul dans la forêt, il risque gros et cache à son entourage cette équipée aventureuse en déclarant qu'il doit se rendre à un rendez-vous galant (v. 1931-1937). Cela n'est pas entièrement faux, puisqu'il va s'inviter chez Yseut mais cette dernière ignore tout de la visite de son mari. Ailleurs dans le roman, l'assassinat d'un des ennemis des amants par Gouvernal, qui s'était aventuré dans la forêt, rappelle les dangers qui règnent dans ces lieux forestiers.

Ainsi, Tristan et Yseut règnent en maîtres sur un univers symbolisant la peur. Dans le Morrois, ces purs rejetons de la noblesse sont ravalés au rang de hors-la-loi. En fait, un instinct de survie les anime : Tristan et son écuyer Gouvernal manifestent une réelle agressivité à l'égard de tous ceux qui les traquent parce qu'ils savent leur

1. J. Le Goff, « Le désert-forêt dans l'Occident médiéval », dans : *L'imaginaire médiéval*, Gallimard, 1985, p. 59-75.

Carte de la Cornouailles

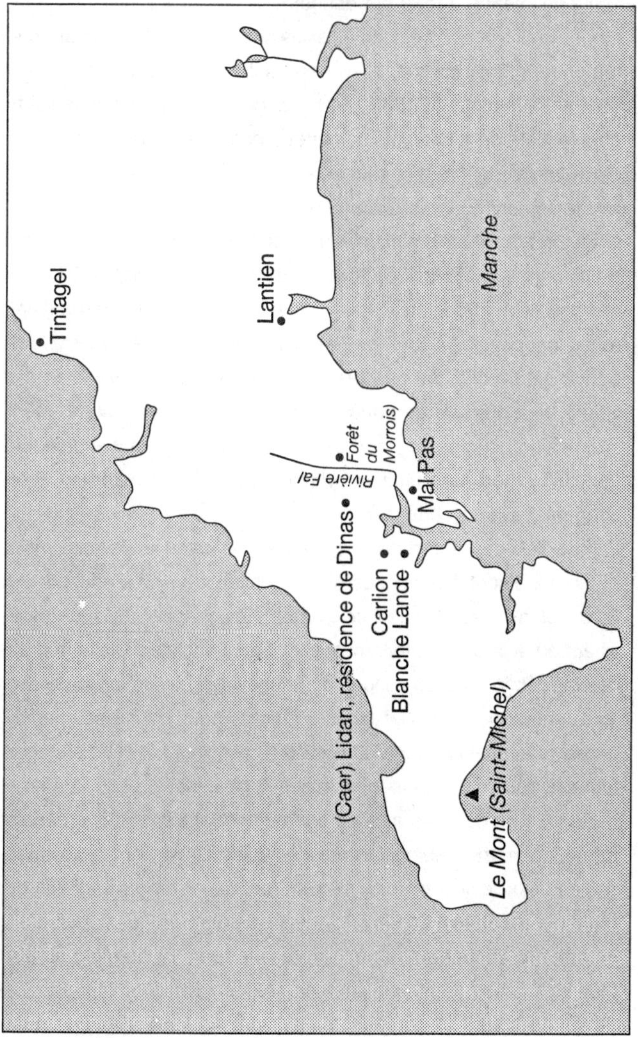

existence menacée à chaque instant par leurs poursuivants et leur environnement. La forêt est dangereuse, et dresse sans cesse des pièges qu'il leur faut déjouer. Ainsi les amants ne restent jamais longtemps au même endroit, et ne se couchent pas le soir là où ils se sont levés le matin (v. 1639-1640). La forêt arrête l'étouffante hiérarchie féodale de la cour, qui ne pénètre dans ce monde froid et silencieux, mais elle arrête en même temps la vie des amants qui s'étiolent lentement en vivant comme des bêtes sauvages.

La forêt du Morrois n'est pas un endroit paradisiaque ou une sorte de lieu naturel préservé de tous les défauts de la société. Elle n'est pas un jardin d'Éden où Tristan et Yseut peuvent vivre dans une heureuse innocence. La forêt de Béroul n'a rien à voir non plus avec la douce nature chantée par Jean-Jacques Rousseau. Au-delà de sa valeur bien précaire de refuge, elle est un lieu d'épreuve et même d'expiation pour les amants[1]. Le Morrois est une véritable préfiguration de la mort. La première syllabe du nom de la forêt (MORrois) suggère d'ailleurs cette idée.

Il s'agit tout d'abord d'une *mort sociale* : dans le Morrois, Tristan et Yseut ne sont plus rien. Lorsque le philtre n'a plus d'effet sur eux, ils constatent leur déchéance : d'hommes, ils sont devenus bêtes, vivant au sein de la nature, chassant pour subsister. Tristan regrette d'avoir oublié tous les usages de la chevalerie et de la vie de cour. Tout lui manque : des vêtements chauds pour l'hiver, ses compagnons pour chaque jour (v. 2165-2197). Yseut lui fait écho en regrettant ses dames de compagnie et ses appartements (v. 2211-2220).

Dans le Morrois, les amants connaissent également une certaine forme de *mort physique*. Amaigris, épuisés, ils sont méconnaissables : leur teint s'altère (v. 1646) ; Yseut a les doigts si grêles que Marc n'a aucun mal à lui retirer une bague qui ne lui tient même plus au doigt (v. 2046-2047). Couchés dans la forêt, ils dorment en plein jour et lorsque Marc les aperçoit, ils ont presque l'attitude des

---

1. Sur cet épisode : P. Le Gentil, « L'épisode du Morrois et la signification du *Tristan* de Béroul », dans *Mélanges Leo Spitzer*, Berne, 1958, p. 267-274 ; ainsi que Eugène Vinaver, « La forêt du Morrois », *Cahiers de civilisation médiévale*, N° 11, 1968, p. 1-13.

gisants. La forêt est leur tombeau. Le silence qui les entoure est déjà celui de la mort.

Enfin, dans le Morrois les amants connaissent une *mort spirituelle*. Ils ne pensent plus à Dieu, n'ont plus aucune pratique religieuse puisqu'il n'y a pas d'église et vivent donc dans un état de péché. C'est ce que leur explique l'ermite Ogrin en leur déclarant : « Comment peut-on sauver un homme mort ? Il est bien mort celui qui persiste dans le péché » (v. 1387-1390). Dans la forêt du Morrois, Tristan et Yseut sont symboliquement morts car prisonniers de leur péché. Ils se trouvent dans un monde qui ne peut leur offrir d'autre espoir que la mort ultime, et c'est paradoxalement dans ce monde sauvage que leur amour peut s'exprimer sans retenue. Ainsi, le nom d'Ogrin, l'ermite qui hante la forêt du Morrois, est significatif. Son nom rappelle celui de l'ogre et est à l'image de la sauvagerie primitive des lieux. Monde de l'instinct et de la nature, la forêt représente en définitive un désert porteur de mort s'il n'est pas accompagné, comme chez l'ermite, d'une foi solide en Dieu.

LANDES ET GUÉS

Si le château représente le monde de la civilisation et la forêt celui de la nature primitive, il existe également dans le roman de Béroul quelques lieux intermédiaires où se produisent des événements clés du récit. Landes et gués sont des espaces où s'accomplissent des échanges entre des lieux a priori opposés et inconciliables (le château et la forêt). C'est là que se retrouvent le monde primitif de la forêt et le monde civilisé du château pour pactiser. Les landes sont des « terrains incultes, couverts de bruyères, de genêts, de fougères et autres plantes spontanées de peu de valeur » (Littré) tandis que les gués sont des endroits où le niveau de l'eau d'une rivière est assez bas pour qu'on puisse la traverser à pied. Landes et gués sont des lieux de passage où l'on ne réside pas, et toute la valeur symbolique qu'ils acquièrent dans le roman se déduit de leur fonction transitoire.

C'est sur le Gué Aventureux que Frocin révèle, sous une aubépine, le secret du roi Marc (v. 1315-1334). Il faut un lieu écarté (mais non désert comme celui de la forêt) pour que la parole interdite du nain puisse être proférée sans risque, et pour que cette parole puisse avoir quelque retentissement. C'est sur ce même Gué Aventureux qu'Yseut est rendue à Marc, après l'épisode de la forêt du Morrois (v. 2677 et 2747). Et c'est devant ce même gué (jouxtant la Blanche Lande) qu'Yseut doit prononcer son serment.

Le Gué Aventureux, la Blanche Lande et la Croix Rouge sont des lieux reliés entre eux. Ils sont situés à l'ouest de la forêt du Morrois, de part et d'autre de la rivière Fal, qui se jette dans la Manche. La Croix Rouge se trouve au milieu de la lande (v. 2419), et il s'agit très certainement d'une croix de pierre au carrefour de plusieurs routes. Il était d'usage au Moyen Âge de protéger par une croix les intersections entre différentes voies : les carrefours étaient des lieux dangereux, susceptibles de provoquer des événements funestes. Près de cette Croix Rouge se trouve justement un cimetière (v. 1910-1911), qui marque la présence inquiétante de la mort. La croix joue un rôle important dans l'échange de correspondance entre Marc d'une part, les amants et Ogrin d'autre part. On y suspend la réponse de Marc à la lettre de Tristan (v. 2646), et cette croix apparaît comme un heureux présage ainsi qu'un gage de conciliation entre les personnages. Elle cautionne le processus de réconciliation en le mettant symboliquement sous la protection de Dieu. Elle appelle également l'idée d'une résurrection des amants après leur mort (et leur crucifixion) toute symbolique dans le Morrois.

La Blanche Lande se situe près d'un marécage nommé le Mal Pas qui porte assez bien son nom. On y risque toujours un « mauvais pas » pouvant être fatal. Si l'on se reporte à une carte, on note que ce marécage se situe sur la côte sud de Cornouailles. C'est donc un endroit où la terre se distingue mal de la mer, un endroit confus géologiquement. Toute la cour du roi Marc, et celle du roi Arthur, se retrouve sur la Blanche Lande, à côté du marécage, pour entendre le serment d'Yseut. Le nom de Blanche Lande contient des nuances positives que l'on ne retrouve ni dans le Morrois, ni dans la Croix Rouge ni dans le Gué Aventureux. Le nom évoque une clarté retrouvée (*blanc* au Moyen Âge évoque plus la lumière éclatante que la couleur blanche, comme dans l'expression moderne : le fer blanc), qui s'oppose au sinistre Morrois. Sur la Blanche Lande, Yseut retrouve tout son prestige perdu ainsi que son éclat de femme. Et, comme pour égayer encore les nuances positives attachées à son nom lumineux, on organise sur la Blanche Lande une fête prestigieuse (v. 4085) qui fait régner une atmosphère d'une parfaite courtoisie.

Ce sont finalement ces lieux ouverts qualifiés d'intermédiaires qui permettent au récit d'échapper à la fermeture et à l'enlisement. Ni la vie dans la forêt du Morrois, ni la vie de château ne sont envisageables pour les amants. C'est sur la Blanche Lande qu'ils triomphent en trompant leur monde et en célébrant symboliquement leur amour. Ce lieu intermédiaire, ce lieu de passage, ne garantit pourtant aucune pérennité à leur victoire.

4 Tristan

D'après la légende, Tristan est orphelin. Sa mère est morte en le mettant au monde, et son père a été assassiné par un usurpateur qui s'est ensuite emparé de son royaume, dépossédant ainsi Tristan de l'héritage paternel. Il rejoint la cour de son oncle et se met à son service. Selon l'usage féodal, Marc devient le seigneur et maître de Tristan, qui lui doit aide et assistance. Il remplira très fidèlement son contrat de chevalier, et Tristan apparaît en fait d'abord et avant tout comme un guerrier. Ses premiers exploits relèvent de la légende plus que du roman, et il est d'abord présenté comme un héros mythique : on le comparerait volontiers à Thésée tuant le Minotaure. Dans la suite du roman, Tristan évolue pour devenir une figure de chevalier et rejoindre alors le monde courtois des romans du XIIe siècle. Toutefois, cette dimension à la fois mythique et romanesque est constamment présente dans le personnage. Elle fait de lui un être paradoxal, qui est prédestiné à la fois à la grandeur et au malheur. C'est ce que semble annoncer son nom, où se lit l'idée de tristesse : triste Tristan.

LE GUERRIER MYTHIQUE

Tristan incarne d'abord le modèle du *guerrier mythique* tel qu'il apparaît dans de nombreux mythes. De la Grèce antique au monde viking, des récits celtiques aux mythes slaves, Tristan appartient au bataillon de héros incarnant l'énergie virile du combattant d'élite. Aucun adversaire ne lui fait peur, et il est toujours prêt à les affronter pour que s'accomplisse un rite de purification morale de la société.

Dans les sociétés archaïques de l'Europe, il existe un usage qui relève à la fois du mythe et de la réalité. Les récits mythiques (on songe à Thésée combattant le Minotaure) offrent en quelque sorte le pendant idéalisé de pratiques rituelles en vigueur dans ces sociétés (on pensera au rôle du service militaire pour les garçons, y compris dans le monde moderne). Un jeune homme ne peut appartenir à la caste des guerriers (et donc des adultes) qu'après avoir accompli un exploit personnel lui donnant droit à ce titre. Cet exploit est en réalité un combat qui se présente comme une épreuve initiatique. Dans la réalité, il s'agit le plus souvent de duels ordinaires mais, dans les mythes, les adversaires du jeune aspirant guerrier sont généralement monstrueux et terrifiants.

Dans le cas de Tristan, il s'agit du Morholt. L'exploit accompli par le neveu de Marc n'est pas raconté dans le roman de Béroul, mais est évoqué à quatre reprises comme son plus haut fait d'armes (v. 28, 136, 848-855, 2038), et comme l'acte salvateur par excellence que seul Tristan a su accomplir. Vaincre le Morholt confère au neveu de Marc un grand prestige (il est craint) et un privilège moral (il a libéré le royaume d'un lourd tribut). Cet exploit le valorise également par rapport aux barons félons, qui sont restés impuissants et couards devant la menace du Morholt. Tristan garde d'ailleurs toujours sur lui l'épée qu'il utilisait lors de cet exploit (v. 2037-2038). Et c'est cette même épée que le roi Marc, lorsqu'il surprend Tristan endormi avec Yseut dans la forêt du Morrois, échange très symboliquement contre son épée royale, comme s'il cherchait à s'approprier le prestige héroïque de son neveu. Tristan se définit essentiellement par le combat, et ses armes sont donc son bien le plus précieux. En lui confisquant son équipement de chevalier, on ne le prive pas seulement de ses moyens d'action mais aussi et surtout de son statut de guerrier. Il n'est vraiment plus rien.

Tristan sait également admirablement s'adapter au milieu hostile de la forêt, et dans tout l'épisode du Morrois, il donne une image assez peu conventionnelle du guerrier. Il ne s'agit plus du combattant mythique, participant à des offensives militaires de grande ampleur. Tristan revient à un stade plus primitif. Vivant à la dure dans un lieu hostile, il fait l'apprentissage de techniques de survie. Il agit plutôt alors en guerrier sauvage, auquel Gouvernal, qui est aussi l'instructeur de Tristan, transmet des pratiques rituelles comme celle du trophée : écorcher l'ennemi vaincu, tout comme décapiter les cadavres ennemis, est un usage primitif, bien attesté chez les Celtes. C'est précisément ce que fait Gouvernal (v. 1735-1740), perpétuant ainsi une vieille coutume.

Si Tristan incarne la force, il sait aussi admirablement se servir de la *ruse*. Il sait se tirer de situations critiques en déployant une intelligence supérieure à celle de ses adversaires. Lorsqu'il est arrêté par le roi Marc, il demande une ultime faveur généralement accordée aux condamnés à mort : pouvoir prier dans une église. Tout le monde a bien remarqué que l'église se trouve en haut d'une falaise et personne n'imagine un instant que Tristan pourrait sortir par une autre issue que la porte principale. Tristan s'apparente ainsi à toute une série de héros (avec en tête Ulysse, le héros aux mille tours) qui utilisent la ruse lorsque la force est inefficace. C'est pour cette raison que le narrateur emploie la formule : « Tristan connaît bien Malpertuis » (v. 4285). Malpertuis est le nom de la résidence du renard dans le célèbre *Roman de Renart*, et on comprend mieux le caractère de Tristan. Comme le rusé renard, il sait employer des subterfuges pour parvenir à ses fins. Tous les moyens lui sont bons pour obtenir gain de cause, y compris dans les situations les plus désespérées. Encore faut-il noter que les ruses de Tristan s'exercent dans certains domaines plutôt que dans d'autres : s'il est moins habile qu'Yseut dans la manipulation du langage, en revanche il domine parfaitement toutes les activités propres aux hommes du Moyen Âge : le combat et la chasse.

LE CHASSEUR

Lorsqu'il ne fait pas la guerre et qu'il n'est pas aux côtés d'Yseut, Tristan s'adonne à l'activité favorite de la noblesse au Moyen Âge : la chasse. A la fois distraction et nécessité vitale, la chasse est un privilège nobiliaire. Les forêts sont évidemment l'espace privilégié où on la pratique. Mais encore faut-il qu'elles offrent de belles provisions de gibier, et c'est pour cette raison qu'on les surveille étroitement et qu'on traque les braconniers. C'est le rôle des forestiers, fonctionnaires du roi, véritables garde-chasse chargés d'assurer la police des domaines afin d'éviter l'épuisement rapide des réserves de gibier. C'est auprès d'Orri le garde forestier (v. 3019) que Tristan trouve refuge après avoir rendu Yseut à Marc. En sa compagnie, Tristan a l'occasion de capturer sangliers et laies au filet. En effet, on utilise de grands filets pour capturer des bêtes puissantes qu'une simple flèche ne suffit pas à tuer. Il peut aussi prendre de grands cerfs, des biches, des daims et des chevreuils (v. 1426) dans les forêts giboyeuses de Cornouailles.

Dans la forêt du Morrois, lorsque Tristan se trouve seul avec Yseut, la chasse (avec la cueillette) est l'unique moyen de survie des amants. Pour faciliter son activité de chasseur qui occupe toutes ses journées, Tristan invente l'arc infaillible, ainsi dénommé parce qu'il ne manque jamais sa cible (v. 1752-1760)[1]. Lorsqu'un cerf ou un daim court dans la forêt et touche l'arc, l'arme se détend aussitôt et la bête reçoit la flèche. Nul besoin d'une présence humaine pour actionner l'arc qui agit entièrement seul. Grâce à cette invention, Tristan et Yseut peuvent manger autant de gibier qu'ils le souhaitent, et ont toujours de la nourriture en abondance. En dépit de cet arc fort ingénieux, Tristan s'adonne à des activités de chasse plus traditionnelles. Il s'épuise à courir après des cerfs (v. 1799-1800) et un combat au corps à corps avec un animal lui vaut parfois une blessure. Un sanglier (v. 718) l'a ainsi blessé à la jambe, et cette plaie malencontreuse se rouvre au plus mauvais moment, alors qu'il se trouve dans la chambre d'Yseut, épié par le roi Marc et ses hommes. Cette blessure va le trahir en laissant des traces de sang sur les draps. Tristan connaît également des techniques de chasse sophistiquées. Il dresse ainsi son chien pour chasser « à la muette » (v. 1592-1628). Un chien qui n'aboie pas est un précieux allié dans la poursuite du gibier car le chasseur a d'autant plus de chances de capturer sa proie qu'il se déplace silencieusement lors de la traque. En Tristan fusionne le modèle du chasseur expérimenté et du chasseur mythique.

C'est probablement le nain astrologue Frocin qui fournit la signification mythique et astrale du personnage de Tristan. En regardant le

1. On rencontre un arc magique du même type dans le mythe grec de Philoctète.

ciel et en voyant Orion et Lucifer (autre nom de Vénus), Frocin comprend qu'il doit fuir (v. 320-338). L'histoire des personnages du roman est inscrite dans le ciel. Comment est-ce possible ? Depuis l'Antiquité, les noms des astres sont ceux de créatures mythiques, tels Mars, Vénus, Pluton ou Mercure qui appartiennent tous à la mythologie romaine. Pour lire les astres, il faut ainsi prendre en compte la personnalité des planètes et leur position dans le ciel. Et Béroul donne un exemple de divination grâce à l'astrologie : en voyant Orion et Lucifer, Frocin comprend qu'il est menacé par Tristan, qui est pour lui ce soir là d'une très funeste conjonction avec Lucifer (Vénus). Le nain assimile ainsi Tristan à Orion. Les analogies entre les deux personnages sont tout à fait réelles. La constellation d'Orion se compose de trois étoiles ; le nom de Tristan contient le chiffre trois (Tri-stan). Dans le ciel astral, Orion est toujours accompagné de son chien Sirius ; Tristan est accompagné de son chien Husdent. Orion est chasseur comme Tristan ; comme lui, il combat des êtres terrifiants (les fauves de l'île de Chio pour Orion, le Morholt et le dragon pour Tristan) ; la victoire vaut à Orion la main de la fille du roi mais, comme pour Tristan, le mariage ne peut avoir lieu : le roi enivre et aveugle Orion. Les deux personnages sont promis à une fin tragique. Béroul n'hésite ainsi pas à utiliser l'astrologie lors d'un épisode du roman pour mieux caractériser son personnage[1]

LE HÉROS BLESSÉ

Souvent blessé, Tristan ignore que chacune de ses blessures le rappelle à son destin. Ainsi, ces blessures ont des enjeux symboliques de plus en plus importants : la blessure que lui inflige le Morholt inaugure la série et semble le vouer à une mort tragique (v. 856-859) ; l'ancienne blessure de chasse, qui se rouvre dans le lit d'Yseut, fournit au roi la preuve de l'adultère ; et dans une autre version de la légende, Tristan mourra d'une ultime blessure qui récapitulera toutes les précédentes pour accomplir le destin du héros.

1. Ph. Walter, « Orion et Tristan ou la sémantique des étoiles », *Senefiance* (Université d'Aix-Marseille), N°13, 1983, p. 437-449.

Chaque blessure semble posséder une fonction essentielle dans la narration. En représentant la fatalité, elles permettent l'enchaînement des péripéties du récit. La première blessure grave (celle qui résulta du combat contre le Morholt) était déjà riche d'implications symboliques : causée par le Morholt (v. 855), elle est guérie par sa nièce Yseut, future amante de Tristan. Cette blessure permet la rencontre des amants, et signifie que leurs destinées sont déjà liées : c'est sans doute la fatalité qui a guidé Tristan vers Yseut, qui ne sait pas qu'elle soigne le meurtrier de son oncle. La seconde blessure, celle qui a été infligée par un sanglier lors d'une chasse (on songe à un motif semblable dans le mythe d'Adonis et dans l'histoire d'Ulysse), représente le signe patent de l'adultère (v. 716-718). C'est cette blessure qui va révéler la faute des amants. Enfin, une ultime blessure (dans une version du roman postérieure à Béroul) provoquera la mort de Tristan. Yseut était la seule personne capable de guérir Tristan, mais elle arrivera trop tard pour soigner son ami. Il y a donc une présence obsédante de la blessure dans le roman, et ce motif est riche de sous-entendus tragiques.

La blessure n'est pas seulement une métaphore de la menace de mort ; elle est aussi une métaphore de l'amour et du désir. La blessure a vocation à réunir les amants, et il nous faut la considérer de façon symbolique, comme la manifestation de leur désir. Tristan, blessé par le Morholt, ne peut guérir que par l'entremise des soins d'Yseut. Sa présence est nécessaire pour refermer la blessure. Par contre, lorsque Tristan saute dans le lit d'Yseut, sa blessure se rouvre et la douleur provoquée devient le symptôme sensible de son désir. Étymologiquement, la passion amoureuse n'est-elle pas souffrance ? La blessure physique de Tristan traduit la répercussion sur le corps de la violence de sentiment, qu'Yseut adoucit dans un premier temps, et avive dans la suite du roman. Elle traduit de plus le danger de l'amour, irrépressible et fatal, qui a entaillé le cœur du héros.

5 Yseut

Yseut est, avec sa servante Brangien, le seul personnage féminin individualisé du roman de Béroul. Elle tire son importance de son rôle de femme isolée dans un monde d'hommes. Seule contre tous, elle doit faire face à deux pouvoirs masculins : celui de l'Église et celui de la noblesse. Contrainte de se plier à la règle masculine omniprésente, elle tente de sauvegarder son indépendance de femme par des moyens qu'elle est la seule à utiliser dans le roman : l'intelligence, et un certain pouvoir d'envoûtement émanant surtout de sa beauté.

YSEUT MAGICIENNE

Le nom d'Yseut pourrait provenir du mot irlandais *sell,* qui signifie « œil », et qui donnera *sillid,* « magicienne », au sens de « femme qui pratique la ruse »[1]. Cet œil est-il un mauvais œil ? Durant toute l'histoire des amants, c'est Yseut la magicienne qui, en soignant Tristan sans le connaître puis par l'intermédiaire du philtre, charrie la fatalité dans leur amour. Mais elle n'est pas pour autant responsable de cette fatalité : les amants boivent le philtre accidentellement, et la potion a été concoctée par sa mère qui s'appelle également Yseut. Ainsi, Yseut est partiellement responsable, par la magie amoureuse qu'elle incarne, du malheur qui fond sur Tristan et sur elle-même, mais elle révèle en même temps à son ami le bonheur suprême de l'amour, et lui inspire parfois d'heureuses solutions qui permettent de résoudre certaines crises.

1. J. Chocheyras, *Tristan et Iseut. Genèse d'un mythe littéraire*, Champion, 1996, p. 49-53.

Si la magie du philtre relève du merveilleux, voire du mythe, la magie d'Yseut tient au caractère féerique du personnage. Dans le roman de Béroul, Yseut n'use d'aucun moyen magique ou surnaturel, pour parvenir à ses fins ou influencer favorablement sa propre destinée ainsi que celle de Tristan. Dans ses mains, il n'y a aucune baguette magique. Et pourtant, il est indéniable que le personnage agit sur les êtres et les situations par des moyens plus ou moins occultes.

La première magie d'Yseut tient à son apparence physique. Comme beaucoup d'héroïnes de la littérature médiévale, Yseut est blonde (v. 2888). On retrouve ce détail dans plusieurs versions de la légende, et lorsqu'une autre Yseut fera irruption dans la vie de Tristan, la première et véritable Yseut s'appellera désormais Yseut la Blonde, comme si tout son charme résidait dans ses cheveux ; elle est Yseut la belle (v. 4191). Au Moyen Âge, la blondeur est un des critères de la beauté féminine, et fait partie des stéréotypes littéraires du XIIe siècle. Avec ses cheveux blonds, Yseut rejoint toute une série d'héroïnes partageant cette caractéristique essentielle de la beauté médiévale. Outre sa blondeur, le narrateur fait mention de ses yeux vifs et pétillants (v. 2888). C'est le seul autre détail que consent à nous livrer le texte, et le portrait d'Yseut s'arrêtera là. Ces yeux, animés d'une grande vivacité, témoignent toutefois de quelques traits psychologiques du personnage : un esprit et une intelligence toujours en éveil, un grand sens de l'observation, une aptitude à voir au-delà des apparences.

Aucun autre détail ne vient affiner les traits d'un personnage, qui restera seulement suggéré à l'esprit du lecteur. A lui d'imaginer la personne la plus proche d'Yseut, figure idéale sommairement décrite par le texte. La beauté de la reine Yseut n'a d'égale que l'élégance de ses tenues et le raffinement de ses vêtements[1]. La reine porte toujours des toilettes somptueuses : bliaut (« tunique ») de soie (v. 2883), vêtements venus de Bagdad et fourrés de blanche hermine

1. François Rigolot, « Valeur figurative du vêtement dans le *Tristan* de Béroul », *Cahiers de civilisation médiévale*, N° 10, 1967, p. 447-453.

(v. 3904-3905). Ses cheveux sont tressés de rubans de fil d'or (v. 3907-3908). Ces habits luxueux, provenant de pays lointains, finissent par lui donner l'apparence d'un être féerique. N'est-elle pas d'ailleurs une fée puisqu'elle vient d'Irlande et que, dans la littérature médiévale, l'Irlande est souvent considérée comme un pays mythique, une île aux portes de l'Autre Monde, où résident des magiciennes ?

Dans ses beaux atours, Yseut envoûte littéralement tous ceux qui la contemplent et nul ne peut rester indifférent à son charme. Lorsque la reine est promise au bûcher, tout le peuple de Cornouailles accourt pour la voir et s'insurge contre le châtiment auquel elle est promise (v. 837-839). Lorsqu'elle traverse le marécage du Mal Pas sur le dos de Tristan, tout le monde la regarde avec fascination (v. 3883-3884). Le simple fait d'être à ses côtés donne à la foule le sentiment d'une complicité profonde avec elle. La magie d'Yseut agit une fois de plus.

YSEUT COMÉDIENNE

Yseut sait parfaitement jouer de ses charmes pour parvenir à ses fins. Habile manipulatrice, elle oriente souvent comme elle l'entend les pensées et les sentiments de son entourage. Nul épisode ne montre mieux ses talents de comédienne que la scène publique de disculpation au Mal Pas : elle doit affronter tout l'appareil judiciaire du royaume pour tenter de prouver son innocence. Apparemment, tout semble jouer contre elle : les accusations sont accablantes, les preuves de sa culpabilité sont éclatantes et les juges d'une rigueur extrême. Pourtant, Yseut retourne la situation en sa faveur en faisant preuve d'une habileté remarquable.

Un nouveau visage de la féminité

Chez Béroul, le personnage d'Yseut remet en cause une certaine idée du personnage féminin : éternellement effacé derrière le héros masculin, toujours appelé à un rôle secondaire voire inutile à la bonne marche du récit. Dans le roman de Béroul, Yseut tient au contraire un rôle de premier plan, et c'est même elle qui dirige le cours du récit dans ses étapes essentielles.

Il faut d'abord noter que le roman de Béroul présente l'image d'un monde où les hommes dominent, où la femme est soumise à leurs volontés même lorsqu'elle est de haute naissance. Le mariage est un bon exemple : la femme doit se soumettre à des intérêts politiques ou économiques en acceptant de se marier avec un homme qu'elle n'aime pas. Elle doit sacrifier sa vie sentimentale au nom des intérêts de son mari, et Yseut est dans ce cas. Elle a été amenée vers le roi Marc comme un simple objet, à qui on ne reconnaît pas le droit de désirer quoi que ce soit. Elle a dû épouser un homme qu'on lui a destiné, et sa volonté n'a eu aucune importance dans cette alliance. On ne lui demande que le silence et la soumission. C'est la raison pour laquelle sa mère fabrique un philtre d'amour qui rendra la vie conjugale de sa fille plus supportable : il s'agit de créer, par un moyen artificiel, un désir amoureux que la réalité ne peut apporter. Comment Yseut pourrait-elle tomber amoureuse d'un homme qu'elle ne connaît pas ? Ou comment pourrait-elle tomber amoureuse de Marc tout court ? Les oreilles de cheval du roi Marc rendent le personnage énigmatique, monstrueux, inquiétant. Marc n'est aucunement attirant.

Or, c'est dans le contexte d'un monde masculin triomphant qu'Yseut va révéler un autre aspect de la femme. Yseut incarne un nouveau visage de la féminité, et la littérature du Moyen Âge découvre avec passion une image de femme pleine de ressources et d'énergie, de femme audacieuse et triomphante qui finit par dominer les hommes[1]. En célébrant dans leurs chansons d'amour la figure de la dame souveraine et de la femme rayonnante, devant laquelle l'homme s'incline, les troubadours (dès le début du XIIe siècle) avaient déjà montré la voie. Béroul suit ce modèle : chez lui, Yseut apparaît comme une femme maîtresse d'elle-même, qui sait trouver les bonnes solutions aux problèmes qu'elle rencontre. Lors du rendez-vous épié par le roi Marc, c'est elle qui réagit la première, déguise ses

1. Voir Pierre Jonin, *Les personnages féminins dans les romans français de* Tristan *au XIIe siècle*, Ophrys, Gap, 1958.

sentiments, et improvise la comédie que les amants jouent pour le roi caché dans l'arbre. Elle sauve les apparences de l'honnêteté en adressant de fausses remontrances à Tristan, et laisse croire à son mari, témoin caché de la scène, qu'elle lui est toujours fidèle.

Yseut : intuitive et inventive

Yseut possède également de justes prémonitions. Comme si elle était capable de prédire l'avenir, elle a le pressentiment de la mort prochaine du nain et des barons ennemis des amants (v. 1060-1064) : « Je suis certaine que le nain médisant et les félons pleins de jalousie qui voulaient ma mort auront un jour ce qu'ils méritent. » Douée d'une véritable prescience, elle voit plus loin que le présent, au-delà des événements qui l'accablent parfois.

Yseut est également intuitive et pleine de ressources. Tandis que Tristan commet souvent des erreurs fatales valant aux amants de sérieuses difficultés (le saut dans le lit d'Yseut qui rouvrira sa blessure et tachera les draps par exemple), Yseut parvient à se tirer des plus mauvaises situations. Dans la forêt du Morrois, Tristan lui demande conseil et la consulte sur tout. Après l'arrivée embarrassante du chien Husdent qui, par ses aboiements, risque de trahir la présence des amants dans la forêt, c'est elle qui propose à Tristan de dresser le chien à rester silencieux (v. 1587-1590). Un peu plus tard, lorsque les effets du philtre ont cessé et que Tristan avoue son désarroi face à l'avenir, c'est Yseut qui lui donne l'idée de retrouver l'ermite Ogrin (v. 2265-2277). Elle se remémore parfaitement les propos de l'ermite et y trouve des raisons d'espérer et, effectivement, l'ermite leur viendra en aide. À la fin du roman, enfin, c'est Yseut qui suggère au roi Marc, totalement désemparé devant l'ultimatum de ses barons révoltés, la scène du serment ainsi que ses modalités (v. 3228-3276). Elle a l'idée de faire présider l'assemblée par le roi Arthur parce que son prestige viendra renforcer l'autorité défaillante de son mari. Personnage incontesté et incontestable, Arthur rétablira par son autorité l'honneur perdu d'Yseut.

6 Le roi Marc

Marc est certainement le personnage le plus mystérieux du roman de Béroul. Un court mais important épisode (v. 1306-1350) permet de constater le caractère archaïque du personnage, issu de tout une tradition narrative rapportée par Béroul. Le nain Frocin annonce brusquement qu'il va révéler un important secret concernant le roi Marc. Pour cela, il suit tout un rituel : il enfonce sa tête dans la terre, sous des racines d'aubépine puis déclare en s'adressant à l'arbuste que « Marc a des oreilles de cheval ». Furieux que le nain ait trahi son secret, Marc décapite Frocin. Cette révélation rapproche le roi Marc d'une figure mythique fort ancienne[1], qui campe le côté inquiétant du personnage. Ce roi maudit est un mauvais roi qui ne remplit pas sa fonction de juge et d'arbitre.

LE ROI MAUDIT

Nulle part ailleurs chez Béroul, il n'est fait mention de cette curieuse difformité du roi Marc. Pourquoi a-t-il des oreilles de cheval ? L'épisode relève-t-il seulement de la bizarrerie comique ? Rien n'est moins sûr. Dans les langues celtiques, le mot *marc'h* signifie « cheval », et on retrouve cette notion dans le mot français *maréchal* désignant primitivement un « domestique chargé de soigner les chevaux », ou dans le mot *maréchal-ferrant,* personne dont le métier consiste à ferrer les chevaux. En fait le mot *Marc* désigne le cheval dans les langues celtiques[2], et le récit des oreilles de cheval exploite

1. Pour s'en convaincre, on se reportera à l'ouvrage de Gaël Milin, *Le roi Marc aux oreilles de cheval*, Droz, 1991.

2. Les langues (ou plutôt les dialectes) celtiques du Moyen Âge sont : le gaélique parlé en Irlande et en Ecosse, le gallois au Pays de Galles, le cornique en Cornouailles (il a disparu à la fin du XVIIIe siècle), le breton en Bretagne française.

et explicite donc cette étymologie. Cet épisode est une des preuves de l'origine celtique du récit, car il se rapporte à un type de conte alors très répandu qui ne peut évidemment pas venir du roman de Béroul. Il existait bien avant lui et possédait, comme tous les contes, de nombreuses variantes.

Un roi a des oreilles animales, et ne veut pas qu'on le sache. Obligé de se faire couper les cheveux une fois par an, il tue tous les coiffeurs qui apprennent son secret. Cependant, il épargne l'un d'entre eux qui jure de ne jamais divulguer son secret à quiconque. Comme le coiffeur ne peut garder le secret pour lui bien longtemps, et comme il ne peut pas non plus le révéler à des humains, il va le confier à une chose inanimée (à la terre, à un arbre). Mais cette chose inanimée va se mettre à parler, révélant à tout le monde que le roi a des oreilles de cheval. On retrouve ce type de conte en Corée, en Inde et en Irlande mais également au Nigéria et en Ukraine. En Europe, il est très répandu dans les pays celtiques où Béroul dut l'entendre dès le XIIe siècle. En le reprenant dans *Tristan et Yseut*, Béroul s'inscrit donc dans une très longue tradition qui témoigne du monde archaïque des vieux mythes de l'Europe préchrétienne.

Le rêve d'Yseut dans la forêt du Morrois complète ce troublant portrait de Marc. En fait de rêve, il s'agit plutôt d'un cauchemar, qui survient au moment où le roi vient de quitter la cachette des amants, et où il les a surpris endormis. La reine rêve qu'elle est le jouet de deux lions qui veulent la dévorer (v. 2068-2069). Elle veut implorer leur pitié mais les lions sont affamés, et ils la tirent chacun de leur côté. L'un de ces lions est probablement le roi Marc car dans la symbolique chrétienne du Moyen Âge, saint Marc, l'un des quatre évangélistes, est toujours associé au lion. Le fauve désigne bien sûr ici un autre Marc, qui n'a rien d'un saint, mais en qui se projette au contraire toute la férocité d'un désir dévastateur. L'autre lion est peut-être Tristan qui, pour contrecarrer les féroces tentatives de son oncle, doit se transformer en un fauve au moins aussi puissant. Enjeu de cette lutte terrifiante, Yseut est en proie au cauchemar justement au moment où Marc trouve les amants endormis. Il se pourrait également que le personnage de Marc symbolise effectivement le cauchemar, qui était figuré anciennement comme un cheval s'asseyant sur la poitrine d'un dormeur. En anglais, le terme *nightmare* signifie étymologiquement « jument de la nuit », et on peut ainsi comprendre la nature effrayante du personnage de Marc, maître des mauvais rêves, symbolisée par ses oreilles de cheval.

Marc avoue avoir reçu ses oreilles de cheval à la suite d'une malédiction du nain Frocin (v. 1343-1345). Cette indication reste mystérieuse puisque Béroul ne raconte pas les péripéties qui valurent à Marc ses oreilles chevalines. Toutefois, dans le folklore celte, les nains sont souvent magiciens et doués de pouvoirs féeriques[1], et peuvent notamment jeter des mauvais sorts sur leurs ennemis, ou les métamorphoser. La difformité de Marc est assez comparable à celle qui afflige le roi Midas. Pour avoir préféré, lors d'un concours musical, la prestation de Pan à celle d'Apollon, Midas se verra affublé d'oreilles d'âne. Comme Midas, le roi Marc est un mauvais juge, et ne sait pas rendre la justice.

LE MAUVAIS ROI

Inquiétant, sinistre, cauchemardesque, aux réactions souvent imprévisibles : tel semble être le roi Marc. Yseut tremble devant lui après le rendez-vous près de la fontaine où Marc avait assisté à l'entretien de sa femme avec Tristan. Elle sait que Marc les a entendus et elle appréhende les réactions de son époux. C'est pourquoi, lorsque le roi pénètre dans la chambre, le narrateur insiste sur la terreur d'Yseut (v. 388). Après l'épisode de la forêt du Morrois, alors qu'Yseut a retrouvé les faveurs de son mari, les barons portent de nouvelles accusations. Le roi se précipite dans les appartements de la reine (v. 3153) avec son épée. Le narrateur décrit le comportement du roi de l'extérieur, et ne nous révèle pas ses intentions : le lecteur craint le pire pour Yseut qui perçoit l'air cruel et féroce de son mari. Que va-t-il faire ? Le sang monte au visage d'Yseut ; son cœur se glace dans sa poitrine. Elle reste comme paralysée, et s'évanouit

1. C. Lecouteux, *Les nains et les elfes au Moyen Âge*, Imago, 1988.

même, mais le roi la prend dans ses bras et lui donne un baiser. Yseut n'est jamais rassurée car si Marc est parfois capable d'une réelle tendresse, il sait aussi manifester la plus froide cruauté. Il décapite sauvagement le nain Frocin d'un coup d'épée (v. 1347) ; il fait preuve d'une sévérité inflexible lorsqu'Yseut est condamnée au bûcher, reste totalement insensible devant le spectacle de sa femme ligotée, rêve sadiquement de lui infliger la plus douloureuse et la plus cruelle des punitions (v. 1186), et déclare qu'il comblera d'or et d'argent quiconque lui fera une proposition de châtiment infamant... Profondément irascible, il s'emporte violemment lorsqu'on lui reproche de condamner Tristan et Yseut à mort sans les avoir jugés (v. 889-894).

Toutefois, Marc est presque ému lorsqu'il aperçoit Tristan et Yseut endormis comme des bienheureux dans la forêt du Morrois. Il était prêt à les transpercer de son épée mais, constatant l'innocence de leurs sentiments, il se ravise et leur laisse la vie sauve. Personnage de l'excès, Marc ne paraît pas très cohérent. Le plus souvent, il agit au mieux de ses intérêts les plus immédiats, n'hésitant pas à se contredire au gré des événements. Son attitude envers Tristan reflète cette inconstance : Tristan est tantôt une menace pour son royaume, tantôt l'ultime soutien dont il peut encore disposer vis-à-vis des barons révoltés. Marc peut tout aussi bien bannir son neveu que l'implorer, ou venir à son aide dans des situations désespérées. Il incarne une figure de roi faible, méprisable et pitoyable. Et il faudra toute la stature et l'autorité morale du roi Arthur et de ses chevaliers de la Table Ronde pour compenser la piètre image royale de Marc lors de la grande scène du Mal Pas. A certains égards, Marc est un anti-roi Arthur : il ne brille ni par son courage ni par sa bravoure militaire, et change souvent d'avis. Tantôt il condamne Yseut à mort, tantôt il lui voue une adoration parfaite. Tantôt il exile Tristan, tantôt il le considère comme le seul soutien de son royaume, et les barons eux-mêmes soulignent la lâcheté de Marc (v. 3092). Ce roi médiocre est le symbole d'une autorité vacillante dans un monde en crise.

7 Les personnages secondaires

Comme souvent en littérature, les personnages secondaires permettent d'éclairer les aspects techniques de l'œuvre où ils apparaissent. Dans la tradition de la chanson de geste, les personnages se répartissent souvent en deux camps : les bons et les méchants. On retrouve dans le roman de Béroul une distribution assez semblable. Ce qui fonde la bonté ou la méchanceté des personnages, c'est essentiellement leur attitude face aux amants : les barons félons sont leurs adversaires obstinés ; Gouvernal, Brangien et Périnis sont au contraire leurs compagnons indéfectibles. Même s'il penche en faveur des amants, l'ermite Ogrin tient une place originale et défend une position qui paraît bien être celle de Béroul lui-même.

LES BARONS FÉLONS

Les barons ennemis des amants sont au nombre de trois. Ils forment un groupe solidaire animé par la seule intention de nuire, et leur obstination les mènera au désastre. Leur psychologie est rudimentaire, et ils agissent de manière toujours unanime, répétant sans cesse la même chose : Tristan et Yseut ont un comportement immoral ; il faut les mettre hors d'état de nuire. C'est ce qu'ils vont dire à Marc, en parlant tous les trois d'une seule voix.

Pourquoi forment-ils un trio ? Tout d'abord pour apparaître menaçants. On craint davantage trois personnes obstinées qu'un individu isolé. Mais ce trio a peut-être également une valeur symbolique. Tel Cerbère, le monstrueux chien gardien des enfers, ils représentent une sorte de monstre à trois têtes dont Tristan (son nom contient lui-même le chiffre trois) devra venir à bout. Ils introduisent ainsi certains thèmes épiques dans le roman, comme la vengeance et l'un d'entre eux se nomme d'ailleurs Ganelon, nom du traître dans la célèbre *Chanson de Roland*. Animé par une rancœur opiniâtre vis-à-vis de Roland qui a bénéficié d'une faveur de l'empereur Charles, Ganelon va trahir Roland en le faisant tomber dans l'embuscade tendue par un roi sarrasin : il incarne ainsi l'archétype du félon, le traître par excellence. Le Ganelon du roman de Béroul est tout aussi jaloux que le Ganelon épique, et il envie la faveur dont son rival bénéficie auprès du roi. Dans les deux œuvres, l'extermination du neveu apparaît nécessaire à la préservation des intérêts de ces Ganelon excités par la vengeance.

Un autre traître se nomme Godoïne. Ce nom a depuis longtemps été rapproché de celui du comte saxon (Godwin) mêlé à une sordide histoire de meurtre racontée dans une chronique anglo-normande du XIe siècle que l'auteur du *Tristan* pouvait connaître[1]. Le fait le plus significatif est que le nom de Godoïne ait une résonance saxonne : Béroul est très certainement normand, et les Normands n'aiment guère les Saxons qui furent leurs adversaires lors de la conquête de l'Angleterre. Pour un Normand, le nom de Godoïne ne peut que suggérer la violence et la félonie.

BRANGIEN, PÉRINIS, GOUVERNAL

Ces compagnons des personnages principaux jouent des rôles non négligeables à différents moments de l'œuvre. Gouvernal est l'instructeur de Tristan qui n'a pas d'autre « maître » que lui (c'est le titre qu'il lui donne respectueusement). Gouvernal a formé Tristan au métier des armes, et se met par la suite au service de son élève. C'est très probablement la preuve que l'élève a dépassé le maître. La serviabilité de Gouvernal le ravale parfois au rang d'un vulgaire écuyer : il veille sur l'équipement de Tristan et le lui apporte lorsqu'il en a besoin, par exemple après son évasion ou pour le tournoi du Mal Pas. Il rejoint le fuyard, n'hésitant pas à se compromettre lui-même pour devenir le complice d'un hors-la-loi. Il accompagne les

1. F. Lot, « Godoïne », *Romania*, 35, 1906, p. 605-607.

amants dans la forêt du Morrois et partage leur déchéance : le spécialiste des armes devient alors cuisinier (v. 1294-1295). Homme d'action, Gouvernal sert efficacement les intérêts de Tristan au moment où ce dernier assume totalement sa vocation chevaleresque. Si son nom semble rappeler le latin *gubernator* « celui qui dirige, celui qui tient le gouvernail », il faut souligner qu'il joue dans le roman le rôle d'un stratège des armes en qui Tristan a toute confiance.

Brangien est la servante d'Yseut. Originaire d'Irlande comme sa maîtresse, elle est l'instrument de la fatalité qui préside à la destinée des amants. C'est elle qui va par mégarde faire absorber le philtre aux amants. Comme le rappelle Yseut :

> Je suis reine mais j'ai perdu ce titre à cause du breuvage que nous avons bu sur la mer. Voilà l'œuvre de Brangien qui devait pourtant y prendre garde ! La malheureuse, comme elle l'a mal gardé ! Elle n'en pouvait rien car l'erreur était manifeste (v. 2205-2210).

Yseut disculpe ainsi Brangien tout en lui attribuant indirectement son malheur. Brangien n'a pas cherché à tromper sa maîtresse. Elle est même parfaitement honnête, et devient partie prenante du drame des amants, n'hésitant pas à se compromettre pour sa maîtresse et jouant la comédie au roi Marc (v. 520-528). Véritable confidente d'Yseut, elle semble toutefois s'effacer dans la deuxième partie de l'œuvre au profit d'un troisième acolyte des amants : Périnis.

Périnis, page d'Yseut, n'apparaît que fort discrètement dans la première partie de l'œuvre. On y apprend qu'il couche dans la chambre de la reine, ce qui est l'usage habituel du temps (v. 764). Il connaît donc tous ses secrets et, après la séparation de Tristan et Yseut, va tenir un rôle très actif de messager. Il permet à Yseut de monter la mise en scène du Mal Pas et informe les amants éloignés l'un de l'autre de leur situation réciproque. Trait d'union indispensable, il relie plusieurs acteurs de l'histoire. C'est lui qui va trouver le roi Arthur pour l'inviter au Mal Pas de la part d'Yseut, et ses qualités diplomatiques sont alors précieuses. Brangien ne pouvait assumer ce rôle : il fallait un personnage beau parleur et élégant, capable de convaincre un roi, et qui plus est Arthur, d'être présent ce jour-là.

Périnis représente l'esprit courtois et les belles manières dans cette seconde partie du roman, justement qualifiée de courtoise. Dans sa mission auprès d'Arthur, il plaide efficacement la cause d'Yseut la belle, réussit à émouvoir le roi, et l'incite à venir avec toute son escorte au Mal Pas. Il est ainsi l'auxiliaire discret du magistral plan d'Yseut.

OGRIN

Lorsque l'ermite Ogrin se trouve en présence de Tristan et Yseut, il les accueille et leur parle avec bonté mais fermeté. Il annonce aux amants que le roi Marc offre une rançon à celui qui les ramènera à la cour, mais Ogrin n'est pas alléché par la récompense. Il veut simplement prévenir ses visiteurs, et leur rappeler la gravité de la situation. Et il prend lui-même un risque en ne prévenant pas Marc de la présence des amants dans la forêt : on pourrait alors le considérer comme complice des fuyards. En fait, si les amants sont venus chez lui, c'est pour bénéficier d'un conseil, d'une aide voire pour trouver un asile. Ogrin répond à leur attente en faisant preuve d'une générosité toute chrétienne.

La suite de l'entrevue révèle qu'il agit bien en ministre de Dieu. Ogrin parle au nom de Dieu tout puissant, et pose le problème des amants en termes religieux. Pour lui l'adultère est un *péché* : le mot est prononcé à plusieurs reprises et il possède son sens chrétien. Dès sa première entrevue avec les amants, il condamne leur liaison et ne se laisse pas attendrir, à l'inverse du peuple de Cornouailles. Même si tout le royaume pleure devant le malheur des amants, Ogrin ne partage pas le même apitoiement. Que Tristan soit un héros exceptionnel, et Yseut une reine admirée, ne change rien à son jugement : il ne voit que le péché. Son devoir est de mettre les amants en face de la réalité, de les obliger à réfléchir. Son ambition pédagogique portera ses fruits, puisque les amants reviendront le trouver, convaincus qu'il peut les tirer d'affaire.

En fait, l'ermite Ogrin représente dans le roman la voix de la conscience. Il introduit une dimension psychologique dans l'intrigue, incitant les amants mais également le lecteur à réfléchir sur des questions aussi essentielles que celle de la responsabilité individuelle. Le rôle de l'ermite ne consiste pas seulement à signaler la faute : il indique aussi à Tristan et Yseut les moyens de la réparer. Ses interventions permettent surtout de donner une dimension philosophique au roman, en posant le problème du déterminisme et de la fatalité à partir de l'histoire des amants.

Curieux ermite portant le nom de l'ogre[1] ! Mystérieuse figure qui procure à Yseut de somptueux atours pour retourner à la cour : c'est au Mont Saint-Michel de Cornouailles[2] qu'il achète (mais avec quel argent ?) des habits luxueux qu'il remet à la reine. Ogrin est certainement une figure providentielle, dont les mystérieuses ressources ne peuvent relever que du miracle ou du merveilleux. Dans les contes, l'ogre n'est-il pas aussi possesseurs de trésors[3] ? Mais surtout, chose absolument remarquable, Ogrin est l'un des rares personnages (voire le seul) capable d'écrire dans un monde où la communication orale est la plus répandue. Pour réconcilier les amants avec le roi Marc, il résume dans sa missive l'histoire de Tristan et d'Yseut de façon avantageuse. Ogrin est ainsi dans la position de Béroul lui-même qui écrit leur histoire de façon tout aussi avantageuse. Mise en abyme du romancier Béroul dans le récit, l'ermite Ogrin se présente comme son porte-parole privilégié. Un moine cache l'autre.

---

1. Sur ce nom : Ph. Walter, *Le Gant de verre. Le mythe de Tristan et Yseut*, Éditions Artus, 1990, p. 187-212.

2. Il ne s'agit pas du mont situé en Normandie française, mais d'un îlot au large de la Cornouailles qui porte exactement le même nom, cf. carte p. 47.

3. Voir la fin du *Petit Poucet* de Charles Perrault où le héros vole les trésors de l'ogre et les apporte dans sa famille.

8 Le philtre d'amour

Le philtre est sans conteste un thème clé de l'œuvre de Béroul[1]. Objet, sortilège, fatalité, métaphore ? Le philtre est l'élément le plus chargé en signification de tout le roman. Contrairement à d'autres auteurs, qui prétendent que la durée d'effet du philtre est permanente, Béroul limite son action à trois ans. Cette subtilité, dont il est peut-être l'inventeur, aboutit à donner au philtre une fonction précise : délimiter deux étapes distinctes dans l'évolution psychologique des personnages.

LE PHILTRE ET SES DÉNOMINATIONS

Il est instructif de relever les mots d'ancien français qui désignent le philtre d'amour. Le mot *philtre* n'est jamais employé par Béroul. On trouve d'abord *lovendrins* qui se compose de deux termes à nette consonance anglaise *love* et *drink* (donc « boisson d'amour »). On trouve ensuite le terme de *poison* (v. 2206), qui est en réalité le terme de *potion* venant du latin *potio* et désignant une boisson. Toutefois, cette boisson résulte d'une préparation quasi médicinale et le sens de « potion » se rapproche alors sensiblement de celui de « poison », désignant une substance capable de perturber gravement les fonctions de l'organisme voire de provoquer la mort. Le philtre joue le rôle d'un venin.

On retrouve « philtre » au sens d'une préparation spéciale dans le terme de *vin herbé* (v. 2138), soit un vin dans lequel on a fait bouillir des herbes. Quelles herbes ? Le texte ne le précise pas mais le *vin*

1. M. Cazenave, *Le philtre et l'amour. La légende de Tristan et Yseut*, Paris, 1969 ; et C. Cahné, *Le philtre et le venin dans* Tristan et Yseut, Nizet, 1975.

herbé a été bu le jour de la Saint-Jean. Et ce jour-là, dans toute l'Europe moyenâgeuse, les femmes s'adonnent à la cueillette des herbes. Ces dernières sont parfaitement connues aujourd'hui grâce aux livres de magie, qui donnent différentes recettes pour guérir de certaines maladies ou provoquer certains envoûtements. Parmi les herbes de la Saint-Jean, on note ainsi la présence de la verveine dont les effets euphorisants ont pu parfois laisser penser qu'il pouvait aussi s'agir d'un bon aphrodisiaque.

L'armoise est une autre herbe de la Saint-Jean, dont le nom provient du latin *artemisia*, et peut être mis en relation avec celui d'Artémis, déesse de la lune et de la chasse. Or la lune est souvent l'astre des amoureux qui aiment se retrouver au « clair de lune ». Il est aussi celui de Tristan et Yseut qui se rencontrent les nuits de lune pour une fugitive lune de miel. Et effectivement, ce soir-là, les amants sont réunis, comme placés sous l'ascendant de cet astre qui détermine leur destinée. C'est d'ailleurs en examinant la lune (v. 736) que le nain astrologue Frocin devine que Tristan et Yseut se sont donné rendez-vous à l'insu du roi Marc.

LE POUVOIR FÉMININ

Les charmes, sortilèges et autres maléfices d'amour sont pratique courante au Moyen Âge. Ils appartiennent au domaine singulier de la magie et de la sorcellerie, et sont placés de ce fait sous le signe de l'irrationnel, du surnaturel et du féerique. Ce monde occulte, qui peut agir sur les hommes, est celui des fées et des sorcières. Yseut et sa mère sont magiciennes, et incarnent la puissance magique de la féminité dans un monde marqué par la domination des hommes. Béroul précise bien que c'est la mère d'Yseut qui fit « bouillir » le philtre (v. 2139), et qui est entièrement responsable de sa fabrication.

Dans « Mâle Moyen Âge », l'historien Georges Duby[1] montre que la société médiévale est dominée par le pouvoir masculin, qui

1. G. Duby, *Mâle Moyen Âge. De l'amour et autres essais*, Flammarion, 1988.

s'appuie sur deux piliers essentiels : l'aristocratie et l'Église. Les femmes, soumises à cette double domination masculine, se contentent de l'espace limité qui leur est réservé : le cadre domestique. Les hommes exercent sur elles une pression qu'ils justifient par une supposée faiblesse de la nature féminine, mythe que l'Église perpétue à travers l'épisode biblique du péché originel. L'homme et la femme vivaient parfaitement heureux au Paradis terrestre lorsqu'un événement capital bouleversa leur existence. Ève se laissa tenter par le diable, et entraîna Adam dans la désobéissance à Dieu. En mangeant le fruit défendu de l'arbre du Paradis, Adam et Ève provoquèrent la déchéance de l'humanité et une série de malédictions s'abattirent sur le genre humain, qui fut chassé du paradis. C'est donc la femme qui est responsable de ce malheur originel de l'humanité[1]. C'est la femme qui provoqua le malheur des hommes, et elle est capable de provoquer encore d'autres catastrophes. C'est du moins ce que pensent certains moralistes du Moyen Âge : la femme doit donc être étroitement surveillée et ses agissements doivent être contrôlés.

Lorsqu'on considère cette conception médiévale du rapport entre les sexes, il est parfaitement compréhensible que les femmes de cette époque aient cherché à conquérir des pouvoirs occultes pour compenser leur position d'infériorité. Ces moyens leur permettaient d'agir sur leurs époux, et de rétablir, au moins symboliquement, une certaine égalité dans le couple. Le domaine amoureux est celui où s'exprime le mieux cette revanche des femmes sur les hommes. Les recettes de magie amoureuse transmises de mère en fille sont bien présentes au Moyen Âge, aussi bien dans la réalité que dans la littérature. Un texte du XVe siècle, fortement imprégné de croyances issues du folklore celte, fait état de l'utilisation d'herbes et de plantes de la Saint Jean pour éveiller l'amour. Il s'agit des *Évangiles des*

---

1. Gottfried de Strasbourg qui adapta en allemand au XIIIe siècle l'histoire de Tristan écrit dans cette œuvre : « Ève aurait très bien pu renoncer à ce fruit. Elle pouvait faire tout ce qu'elle voulait de tous les autres. Mais non, elle ne voulait que celui-là : elle le mangea et perdit son honneur. C'est pourquoi on nomme toutes les femmes qui sont façonnées à l'image d'Ève les filles d'Ève ». Dans le roman de Béroul, Yseut est qualifiée de « vipère » par les lépreux, ce qui rappelle le serpent tentateur d'Ève dans la Bible.

Quenouilles[1], dans lequel on lit diverses recettes que les femmes se transmettent lors de veillées, alors qu'elles filent la laine en discutant de choses et d'autres. L'un des ces « Évangiles » mentionne les herbes de la Saint-Jean, et indique une recette créée par une femme qui resta en toutes circonstances aimée de son mari :

> Pour rester fort aimée, je lui ferai manger une soupe d'herbes cueillies la nuit de la Saint-Jean à la neuvième heure et il ne lui sera pas possible de me laisser pour une autre plus jeune que moi (Sixième *évangile des Quenouilles*, chapitre 3).

Cette magie occulte s'apparente tout à fait à la sorcellerie, qui se développe surtout à partir de la fin du Moyen Âge (au XVe siècle). Yseut et sa mère sont bien les ancêtres des sorcières puisqu'elles connaissent le secret des boissons d'amour. Toutefois, les fées médiévales sont beaucoup moins inquiétantes que les sorcières car on n'évoque à leur sujet aucun lien direct avec le diable, même si elles possèdent elles aussi le pouvoir d'influencer par la magie la destinée des hommes. Le mot fée vient du latin *fata*, pluriel de *fatum* signifiant la destinée. En ce sens, Yseut est bien la *fée*, c'est-à-dire le destin fatal de Tristan.

LA FATALITÉ

Tristan et Yseut rejettent leur faute (le péché d'adultère) sur le philtre, qui devient ainsi leur excuse. Ils ne se sentent pas responsables de leurs actes car ils ne se considèrent pas comme libres. Le *vin herbé* les tient sous sa loi ; c'est du moins ce que tente d'expliquer Yseut à l'ermite Ogrin la première fois qu'elle le rencontre. Tristan dit qu'il ne peut quitter Yseut à cause du philtre, et les amants se déclarent innocents d'un adultère qu'ils n'ont pas désiré. Leur seule erreur fut de boire par erreur le breuvage présenté par Brangien au cours du voyage qui les ramenait en Cornouailles. S'ils avaient su quelle vertu magique avait la boisson, ils se seraient abstenus, et seule une étourderie est à l'origine du malheur des amants. Les

1. Une traduction de ce texte par J. Laccarière est paru aux éditions Imago en 1988.

amants avancent l'excuse du philtre pour décliner toute responsabilité personnelle dans le drame qu'ils vivent.

Le narrateur accepte-t-il cette explication ? Feint-il de croire que le philtre est l'unique responsable de la faute commise par les amants ? Quelques vers semblent le laisser penser : « Seigneurs, on vous a déjà parlé du vin dont ils burent et qui les précipita pour si longtemps dans le malheur » (v. 2133-2135). Béroul ne reprend pas cette idée par la suite mais semble bien croire au philtre. Il n'y a rien d'étonnant à cela : au Moyen Âge, on croit à la magie, et d'ailleurs même aujourd'hui on tient pour véridiques des histoires de maisons hantées ou de possession diabolique. Toutefois, pour Béroul, ce philtre est le signe d'une passion fatale, et c'est l'image d'une force venue d'ailleurs, liant les amants l'un à l'autre, que le narrateur veut retenir. On pourrait y voir une sorte de métaphore du « coup de foudre » amoureux.

D'ailleurs, même lorsque le philtre perd ses effets, au bout de trois ans, Tristan et Yseut continuent de s'aimer. Leur amour n'est pas mort, et si Tristan fait appel à Dieu pour qu'il lui donne la force de quitter Yseut, c'est qu'il doute de ses propres forces : « J'implore Dieu, le maître du monde, qu'il me donne la force de laisser la reine en paix avec mon oncle. Je le jure devant Dieu, je le ferais très volontiers, si je le pouvais » (v. 2185-2190). S'agit-il alors d'une simple amitié ou au contraire d'un amour indestructible et fatal ? L'aveu de Tristan est clair : « Noble reine, où que je me trouve, je me proclamerai toujours vôtre » (v. 2249). Les soupirs de Tristan en disent long sur ses sentiments à l'égard d'Yseut. De son côté, l'inquiétude d'Yseut lorsque Tristan part porter la lettre au roi Marc, est le signe de l'amour indestructible qu'elle lui porte. Plus encore, le tendre regard mélancolique qu'elle adresse à Tristan lors de la scène d'adieu en dit long sur un lien que rien ne peut venir détruire : l'amour est plus que jamais vivant dans le cœur des amants. Toutefois, il ne s'agit plus d'un amour magique mais d'un amour naturel. À l'ivresse charnelle du début succède une liaison sentimentalement plus profonde, mais tout aussi fatale. Le portrait psychologique des amants s'enrichit des nuances du sentiment. Une évolution s'amorce, et Tristan et Yseut laissent entrevoir les secrets de leur vie intérieure.

9 L'amour-passion

Au moment où Béroul compose le roman de Tristan, les troubadours et trouvères sont passés maîtres dans les évocations poétiques de l'amour. Ils composent des chansons qui célèbrent un amour d'exception appelé *fine amor*, et le roman de Béroul s'inscrit dans cette tradition. Le grand succès du roman au XIIe siècle, est ainsi certainement dû au fait qu'il illustre les grands thèmes de la *fine amor*, de l'amour sublime, de l'« amour absolu », du « fin du fin de l'amour » [1]. L'amour absolu de Tristan et Yseut dégénère toutefois rapidement en amour-passion, sur lequel d'autres romanciers tristaniens mettront l'accent en présentant la légende comme un drame absolu, se soldant par la mort des amants. Ce n'est pas le cas de Béroul qui s'en tient à la description d'une passion amoureuse exaltée qui, sans succomber au tragique, frôle sans cesse la catastrophe.

UN AMOUR ABSOLU

L'amour tristanien ressemble par bien des aspects à l'amour absolu (la *fine amor*) chanté par les troubadours. Ceux-ci exaltaient quelques grands thèmes que l'on retrouve directement évoqués dans le roman de Béroul. Il s'agit tout d'abord de la souveraineté de la Dame. Dans la *fine amor*, c'est la femme qui est maîtresse du jeu amoureux : c'est elle qui impose ses volontés. Comment ne pas penser dès lors au rôle d'Yseut dans le roman de Béroul ? N'est-ce pas elle qui domine Tristan à bien égards ? Son titre de reine symbolise

1. Ph. Walter, « La *fine amor* entre mythe et réalité », *L'École des Lettres* (« Le mythe de Tristan et Yseut ») N °83, 1992, p. 5-24.

d'ailleurs de ce point de vue sa supériorité, à la fois sociale et morale, sur Tristan,

Le second thème évoqué par les troubadours est celui de la force dévastatrice de la passion qui rend les amants « malades » d'amour. La *fine amor* est une variation sur le thème de la maladie d'amour, véritable lieu commun de la littérature occidentale. Tristan exprimera, sur le mode symbolique, cette maladie d'aimer en prenant le masque du lépreux : il est malade d'amour jusqu'à en devenir (symboliquement) lépreux. Le philtre, potion destiné à guérir le manque d'amour d'Yseut, s'inscrit également dans le thème de la « maladie d'amour », et constitue la métaphore de la force indestructible du désir des amants.

La *fine amor* repose sur un trio de personnages : le mari, la Dame et l'amant. Dans le roman de Béroul, ce sont Marc, Yseut et Tristan qui constituent ce trio. En effet, pour que la *fine amor* puisse s'exprimer pleinement, il faut qu'elle s'oppose d'une manière ou d'une autre à la légalité. La *fine amor* existe souvent en dehors du mariage ; il s'agit d'un amour adultère ou d'un amour qui ne peut se conclure par un mariage. C'est le cas de Tristan et Yseut qui vivent, par leur amour, une expérience bien plus riche que celle de l'union dans le mariage. Pour exister, la *fine amor* a besoin d'obstacles : ce n'est qu'en les affrontant ou en leur résistant que les amoureux approfondissent toujours davantage la pureté et la force de leur amour. La lutte incessante des amants contre les barons félons représente cet affrontement décisif pour perfectionner leurs sentiments. Et c'est bien de ces trois félons qu'il s'agit de se protéger car la *fine amor* est précieuse : elle doit rester secrète et il faut la défendre contre les médisants ou les délateurs.

La *fine amor* possède enfin ses rites. Celui de l'échange de cadeaux comme autant de gages d'amour est le plus remarquable, et Tristan et Yseut s'y adonnent spontanément lorsqu'ils sont obligés de se séparer après leur vie commune dans la forêt. Ils retrouvent ainsi les gestes de tous les amants courtois : Tristan offre son chien Husdent à Yseut, signifiant par là sa fidélité à sa dame. En retour, Yseut offre à Tristan une bague avec un sceau (v. 2707-2708), ce qui est signe d'alliance. Cet échange se conclut avec l'emploi de l'expression *fine amor* (v. 2722) qui livre bien la clef de la scène. On ne peut nier que le roman de Béroul soit imprégné de l'esprit de la courtoisie, principalement dans la seconde partie de l'œuvre (après la rupture de la Saint-Jean). Le comportement et le langage des personnages est orienté par la politesse de sentiments que les troubadours ont contribué à répandre dans la société : ils font preuve d'élégance et de distinction, ce qui contraste quelque peu avec la rudesse du début de l'œuvre. C'est très certainement le signe que l'amour de Tristan et Yseut est en train de changer de nature lorsque le philtre ne leur commande plus.

UN AMOUR FOU

L'amour né du philtre n'est évidemment pas ordinaire. Qualifié de *fol amour* par Béroul (v. 496, 4194), il relève de l'irrationnel et conduit les amants vers une certaine forme de folie. Il faut comprendre que les réactions de Tristan et Yseut, sous l'emprise de cette passion amoureuse, ne sont jamais réfléchies. Les amants agissent impulsivement et commettent des imprudences les mettant en danger. Les ennemis des amants n'ont aucun mal à les surprendre en flagrant délit d'adultère, car Tristan et Yseut ne prennent jamais les précautions nécessaires pour protéger leur intimité. Ils sont trop amoureux pour s'embarrasser des précautions les plus élémentaires.

Le roman de Béroul est parsemé d'observations psychologiques sur l'amour que le lecteur est invité à méditer. Le narrateur confie par exemple : « Qui peut aimer un an ou deux sans se trahir ? » (v. 573-574). La remarque vaut ici pour tous les amoureux, mais s'applique particulièrement bien au fol amour de Tristan et Yseut. L'amour fait oublier toute mesure, et conduit les amoureux à commettre des maladresses qui se retournent parfois contre eux.

Le signe le plus patent du *fol amour*, c'est qu'en lui le plaisir et la souffrance se conjuguent. Dans la forêt du Morrois, les amants vivent leur amour pleinement, mais en souffrent tout autant. C'est le lieu où leur « passion » s'accomplit : passion au sens d'amour puissant et durable, mais également passion au sens de souffrance comme dans la passion du Christ. Le narrateur souligne ce double sens en rappelant les peines endurées par les amants :

> Existe-t-il des gens qui en connurent autant ? Mais aucun des deux n'avait l'impression que l'autre le faisait souffrir et ils avaient bien de quoi se satisfaire. Jamais depuis qu'ils sont dans la forêt, deux êtres ne burent un tel calice et jamais, comme l'histoire le dit, là où Béroul le vit écrit, il n'y eut des êtres qui s'aimèrent autant et qui le payèrent aussi cher (v. 1783-1792).

Qu'est-ce qu'un amour où le plaisir s'accompagne de souffrance sinon, précisément, un amour qui confine à l'inconcevable, un amour-folie ? En voyant les amants, l'ermite s'écrie :

> Pauvres exilés, au prix de quelles terribles douleurs l'Amour vous entraîne-t-il irrésistiblement ! Combien de temps durera votre folie ? (v. 2295-2297).

Le terme de folie est employé ici à bon escient. Pour l'ermite, Tristan et Yseut sont dans un état d'égarement mental.

La vie des amants dans la forêt du Morrois apparaîtrait bien alors, aux yeux d'un Béroul moraliste, comme un avertissement devant les errements que peut provoquer la passion amoureuse. À l'ermite qui lui demande de réfléchir, Tristan répond :

> J'aime Yseut éperdument au point d'en perdre le sommeil. Ma décision est irrévocable ; j'aime mieux vivre comme un mendiant avec elle, me nourrir d'herbes et de glands, plutôt que de posséder le royaume d'Otran[1]. Ne me demandez pas de la quitter car, vraiment, c'est impossible (v. 1401-1408).

L'impuissance de Tristan à rompre le lien fatal qui l'unit à Yseut s'exprime ici pleinement. Dans sa folie, Tristan ne possède plus aucun libre-arbitre, qualité que le christianisme reconnaît pourtant à tout homme dès ses origines. L'ermite, persuadé de l'existence de la liberté humaine, ne peut évidemment comprendre le raisonnement de Tristan.

---

1. Personnage mentionné dans les chansons de geste. C'est un roi d'Orient possédant d'inestimables richesses.

UN AMOUR SUBVERSIF

L'histoire de Tristan et Yseut est scandaleuse. Pour le Moyen Âge, elle illustre une attitude totalement nouvelle face à l'amour, tel que peut le concevoir l'Église en particulier. Les effets du philtre s'apparentent à ceux d'une drogue : ils permettent d'atteindre des états modifiés de la conscience. Les amants accèdent à une sorte de paradis artificiel de l'amour, et rompent totalement avec la réalité. Il en découle un ensemble de comportements tout à fait surprenants de la part des amants.

A cause du philtre, Tristan et Yseut fondent toute leur vie amoureuse sur le plaisir charnel. Ils ne pensent qu'à satisfaire leur désir et à vivre pleinement leurs envies. La position officielle de l'Église est claire : l'acte d'amour ne peut exister qu'entre deux êtres mariés (de ce point de vue, Tristan et Yseut enfreignent déjà la loi puisque leur amour est adultère) ; d'autre part, l'acte amoureux ne peut être justifié que par l'enfantement. Tristan et Yseut ne désirent bien sûr pas d'enfant : leur amour est une fin en soi. Pour eux, l'amour est l'unique but de l'amour, attitude qui fait évidemment des deux amants un couple au comportement égoïste et subversif.

Il y a encore une autre caractéristique de cet amour tristanien. Les deux êtres se marginalisent et brisent le lien qui les rattache à la société. L'amour fait oublier aux amants leur rôle social. Au moment où les effets du philtre cessent, les deux personnages prennent conscience de tous leurs manquements envers la société. Tristan déplore de ne pas jouer son rôle d'instructeur auprès des jeunes gens qui aspirent au métier des armes (v. 2173-2175) : c'est lui qui devrait, fort de son expérience, montrer l'exemple à ces futurs chevaliers. Il devrait également se rendre utile à quelques souverains ayant besoin de ses services (v. 2177-2178). Avant de boire le philtre, n'avait-il pas accompli un bel exploit pour la société en tuant le Morholt et le dragon (v. 2560) ? Il avait délivré le royaume d'un lourd et injuste tribut, et avait donné une reine à toute la Cornouailles. Yseut quant à elle avoue qu'elle aurait dû jouer un rôle de conseil auprès des jeunes filles nobles de la cour afin de leur trouver de beaux partis pour conclure de beaux mariages (v. 2211-2216). Or, durant la période d'action du philtre, les amants ne pensaient qu'à se rencontrer à l'insu de tout le monde pour vivre d'intenses moments. Peu leur importait le monde autour d'eux puisque, selon le proverbe, les amoureux sont toujours seuls au monde. L'amour de Tristan et Yseut est ainsi foncièrement égoïste : les personnages vivent leur passion sans penser aux autres et aux conséquences que leur amour peut avoir sur leur entourage.

L'isolement des amants, que provoque le philtre, est d'autant plus grave qu'il prend place dans une société où l'on appartient avant tout à un groupe. Au Moyen Âge, l'individu n'est pas reconnu en tant que tel, mais se définit par rapport à une communauté : sa famille ou son « lignage » (selon l'expression utilisée pour les nobles), sa paroisse ou sa ville, voire son métier (ce sont des corporations qui règlent la vie professionnelle). Or, d'emblée, Tristan et Yseut perdent tout contact avec leur famille. Ils sont pour ainsi dire prédisposés à un isolement que le philtre ne fera qu'accentuer. Yseut a été transportée d'Irlande en Cornouailles, où elle n'a aucune famille. Tristan a perdu ses parents, et la Cornouailles n'est pas non plus sa région natale. Et jamais le roi Marc ne représentera une vraie famille pour eux. Les amants se retrouvent isolés dans un monde auquel ils refusent de prendre part. Le philtre achève ce processus d'isolement, en faisant de Tristan et Yseut deux êtres solitaires. Cette liaison les mène à éprouver l'un et l'autre le sentiment d'exister envers et contre tous : c'est probablement l'aspect de leur union le plus subversif et le plus dérangeant pour la société médiévale.

10 Dieu et la religion

Dans le roman, le mot « Dieu » revient fréquemment sur les lèvres des personnages ou sous la plume de l'auteur lui-même, et le plus souvent, il accompagne un cri de surprise, une lamentation, un regret ou une interrogation anxieuse. Il ne s'agit pas d'une simple expression. En réalité, *Tristan et Yseut* est profondément marqué par la présence de Dieu et par les valeurs de la religion, et on en vient même à se demander parfois si Dieu n'est pas un personnage caché du récit.

PÉCHÉ D'ADULTÈRE

« Tu ne commettras pas d'adultère » annonce l'un des dix commandements de la Bible. En enfreignant cette règle, Tristan et Yseut violent non seulement les lois de la famille (Tristan vole en effet l'épouse de son oncle), mais se rendent également coupables d'une grave désobéissance envers Dieu. Mais le roman de Béroul semble presque faire l'éloge de l'infidélité conjugale : il nous présente des personnages sympathiques qui commettent froidement le mal. Le roman de Béroul réalise ainsi un tour de force : écarter les principes de la morale religieuse et sociale, et imposer d'autres critères de jugement fondés avant tout sur la pitié que l'on éprouve vis-à-vis de ces héros malheureux.

Toutefois, si Tristan et Yseut peuvent extérieurement paraître enfreindre les règles morales établies par Dieu, ils clament, non sans raison, leur innocence. Une force supérieure les pousse à commettre le mal, et ils ne sont pas maîtres de leur propre volonté. Durant toute la première partie de l'œuvre, le philtre explique leur comportement et les innocente. Et Tristan et Yseut ne sont pas présentés comme des personnages diaboliques, mais bénéficient au contraire de la protection de Dieu qui n'hésite pas à accomplir certains miracles pour eux. Béroul lui-même (v. 960) explique que Dieu a pris Tristan en pitié en lui permettant de ne pas se rompre le cou sur les rochers lorsqu'il s'est jeté dans le vide pour échapper aux geôliers du roi Marc. Ses habits ont pu amortir sa chute, un peu à la manière d'un parachute (v. 951-952) : Dieu est finalement du côté des amants.

Pour oser relever tous ces défis, Tristan possède un sérieux optimisme. Béroul explique là encore (v. 813) que Tristan possède une confiance inébranlable en Dieu : il insiste sur la foi profonde qui l'anime, et sur le fait qu'il craint profondément Dieu (v. 1012). Le thème de la crainte de Dieu est en fait l'une des clés du message idéologique de l'œuvre de Béroul. Grâce à lui, Tristan apparaît comme un héros approprié aux exigences de l'Église, alors qu'il n'en est rien à bien des égards.

L'IDÉOLOGIE DU REPENTIR

L'ermite Ogrin est le représentant de la religion chrétienne dans le roman. Il insiste sur la nécessité du repentir[1] (v. 1379-1380) : même si une grave faute a été commise, Dieu peut pardonner à condition que le pécheur fasse preuve de repentir et de contrition. Le message est essentiel car il écarte toute idée de fatalité ou de prédestination pesant sur les personnages. Cette prédestination pouvait exister dans l'univers païen où fut élaboré le noyau mythique du roman de Béroul. Toutes les religions de l'Antiquité (y compris la religion celtique) reconnaissaient la domination des dieux sur les hommes, et le destin humain était, pour ainsi dire, fixé d'avance pour chaque individu. Le christianisme médiéval défend au contraire le libre-arbitre et la responsabilité de chacun devant sa destinée ; nul n'est jamais condamné d'avance par un destin qu'il ignore mais chacun est responsable de son propre destin. La mort très symbolique de

1. Cet aspect a été bien étudié par J. Ch. Payen, *Le motif du repentir dans la littérature française médiévale (des origines à 1230)*, Droz, 1968, p. 331-364.

l'astrologue Frocin, décapité de belle manière par le roi Marc, est certainement la condamnation d'un savoir qui ignore la liberté individuelle de chaque homme. Frocin[1] est condamné à cause de la perversion intellectuelle qu'il représente, et, disparaissant du récit, il est remplacé par un homme de Dieu (l'ermite Ogrin) qui donne de bien meilleurs conseils !

Il serait intéressant à bien des égards, de mener une lecture de *Tristan et Yseut* en reprenant les travaux de philosophes et théologiens moyenâgeux, au premier rang desquels saint Augustin et Abélard. On retrouve en effet dans l'œuvre de Béroul beaucoup de thèmes présents dans les *Confessions :* Augustin condamne l'astrologie, et présente l'amour charnel comme un véritable joug, qui empêche de se convertir à la vérité divine. Plus largement, le personnage d'Ogrin, l'ermite plein de la crainte de Dieu, exhortant les jeunes gens au repentir, les poussant à réfléchir sur le problème du mal (n'ont-ils pas fait le mal pour le plaisir de faire le mal ?), se place directement dans la tradition augustinienne.

LA MAIN DE DIEU

Le saut de la chapelle est présenté d'avance comme un véritable miracle. En effet, lorsque les amants sont surpris dans la chambre de la reine, le narrateur ajoute : « Mais Dieu à qui il plut de les protéger commit par la suite un grand miracle » (v. 755-756). Ces vers font allusion à l'épisode de la chapelle, qui se termine fort bien. « Dieu a eu pitié de lui » (v. 960), et a permis à Tristan de ne pas se briser les os sur les rochers.

Dieu agit également secrètement sur la destinée des amants : il leur donne des avertissements en provoquant certains événements à certains moments significatifs. Ainsi, c'est au moment où il poursuit un cerf que Tristan s'aperçoit que les effets envoûtants du philtre disparaissent en lui (v. 2157-2159). Il prononce alors une longue tirade

1. Le nom du nain Frocin est peut-être à rapprocher du mot anglais désignant la grenouille, « frog ». Il s'y attacherait donc une valeur dépréciative.

où apparaît plusieurs fois le nom de Dieu, et son discours se termine même par une sorte de prière :

> J'implore Dieu, le maître du monde, qu'il me donne la force de laisser la reine en paix avec mon oncle (v. 2185-2188).

Tristan n'a guère habitué le lecteur à ce langage très religieux. Jusqu'alors, il ne s'était jamais exprimé en plaçant Dieu au centre de ses relations avec les autres. Pourquoi Tristan tient-il soudain le langage du bon chrétien ? La réponse tient en deux éléments : la Saint-Jean et la présence du cerf. La date hautement symbolique de la Saint-Jean (cf. p. 38) marque une rupture dans la vie de Tristan, et la mention de cette fête religieuse signifie que ce bouleversement n'est pas uniquement de nature psychologique, mais aussi de nature spirituelle. La poursuite du cerf annonce cette conversion. La traque d'un cerf apparaît dans beaucoup de légendes pieuses du Moyen Âge, comme par exemple dans la vie de saint Hubert ou saint Eustache. Saint Hubert poursuit un cerf dans la forêt, mais soudain le cerf se retourne vers son chasseur et se met à lui parler. Au même moment, une croix apparaît dans les bois de la bête et le cerf reproche à Hubert de le persécuter. Il lui demande de changer de vie et de se convertir à la foi chrétienne, puis il se présente comme le Christ en personne.

Dans le roman de Béroul, c'est l'apparition du cerf qui marque la rupture avec la vie passée, dominée par le pouvoir du philtre. Tristan prend soudain conscience de ses fautes, et éprouve du repentir comme si le cerf avait, sur l'intervention du ciel, joué le rôle d'un animal initiatique lui révélant le chemin d'une vie authentiquement chrétienne. Dès lors, les mentions de Dieu dans son discours ne sont pas de simples interjections ou exclamations sans valeur, mais témoignent d'un appel sincère de Tristan vers Dieu.

11 Mensonge et vérité

Pour vivre pleinement leur amour et pour le protéger, les amants sont obligés de mentir. C'est un fait : leur amour est inconciliable avec leur état social. Il est une menace pour l'ordre établi. La société est toujours prête à exercer contre eux une violente répression (exil, condamnation à mort, emprisonnement), et face à cela les amants n'ont qu'un recours possible : le déguisement. Il peut s'agir d'un déguisement physique lorsque Tristan exilé cherche à retrouver Yseut et que, à l'instigation de celle-ci, il se déguise en lépreux lors de la scène du Mal Pas. Mais le déguisement atteint aussi le langage qui devient alors un moyen pour donner le change.

LE MASQUE DU LÉPREUX

En prenant l'apparence du lépreux, Tristan ne cherche pas seulement à tromper son monde, ou à s'amuser aux dépens du roi Marc et de toute la cour. Par ce déguisement, il exprime sur le mode symbolique plusieurs vérités à décrypter. Si la lèpre a aujourd'hui totalement disparu en Occident, elle était au XIIe siècle, un fléau particulièrement redouté. On avait peur des lépreux, et on les évitait car on craignait la contagion. Ils devaient ainsi signaler leur présence à l'aide d'une crécelle, instrument de bois qui crépitait lorsqu'on l'agitait. Mis à l'écart des villes, ils étaient marginalisés, et vivaient entre eux dans des quartiers périphériques qui ont conservé, encore aujourd'hui dans certaines villes françaises, leur nom primitif : les Bordes. Ainsi, dans le roman de Béroul, les lépreux disent habiter dans des cabanes qui portent en ancien français le nom de *bas bordeaus* (v. 1204). Ce nom désigne également en ancien français la maison de prostitution : le bordel. Un lien essentiel apparaît alors dans le roman de Béroul entre la lèpre et la luxure. Et en effet, au Moyen Âge, le lépreux est considéré comme un être lubrique. Le roman exploite cette caractéristique à travers le déguisement de Tristan en lépreux.

La métaphore du feu donne ici la clé symbolique du comportement des lépreux. Les lépreux sont littéralement brûlés par le feu de la maladie, qui ronge leurs chairs comme une flamme peut brûler du bois. Marc, ivre de vengeance, souhaite livrer Yseut au feu de la lèpre, qui remplacera avantageusement le feu du bûcher auquel il destinait son épouse. C'est un feu infernal qui annonce déjà le feu de l'Enfer et la damnation éternelle. Mais c'est surtout une image du feu du désir sexuel qui consume les lépreux puisque ces derniers se présentent comme des êtres qui doivent leur maladie à leur sexualité maladive. Au Moyen Âge, la lèpre est considérée comme une maladie transmissible sexuellement, et, toujours selon la croyance médiévale, la femme est le vecteur de la maladie, qu'elle transmet aux hommes, mais bénéficie elle-même d'une immunité totale[1]. C'est Yseut qui demande à Tristan de se déguiser en lépreux, et la lèpre devient ainsi le signe de l'amour qu'il éprouve pour elle. C'est au contact d'Yseut que Tristan a contracté symboliquement sa maladie, qui est en fait le symbole tangible du lien amoureux qui unit les amants. Tristan est le lépreux d'Yseut. Il explique même que c'est à cause de sa liaison avec son amie qu'il a contracté la lèpre (v. 3763), parce que son mari (il faut donc comprendre : le roi Marc) est lépreux.

Il est vrai que leur amour a fait des deux amants de véritables parias de la société. Comme les lépreux, ils sont pestiférés. Pire : leur amour menace la société comme une véritable contagion. Après leur arrestation, ils incarnent aux yeux du roi et des barons des êtres malsains qu'il faut absolument brûler. Le feu du bûcher est le seul moyen de purifier la société de cette terrible passion amoureuse qui la menace, et si les amants sont condamnés au bûcher, c'est qu'ils

---

1. D. Jacquart et C. Thomasset, *Sexualité et savoir médical au Moyen Âge*, PUF, 1985 ; et C. Thomasset, « La femme au Moyen Âge. Les composantes fondamentales de sa représentation : immunité, impunité », dans *Ornicar*, N° 22-23, 1981, p. 223-238.

représentent un principe de corruption des âmes et des corps que seul le feu peut anéantir. Lorsqu'ils parviendront à échapper au châtiment, ils s'exileront comme les lépreux, qui sont rejetés hors des villes.

DE BEAUX MENSONGES

Yseut est une femme traquée. Pour survivre dans un monde qui lui est hostile, elle est obligée de mentir. Sa seule arme est le langage dont elle use admirablement, et son sens tactique est particulièrement efficace lors de l'épisode du serment. Yseut doit se soumettre à une procédure judiciaire pour établir son innocence. Devant tous les nobles de la cour, elle doit jurer sur les reliques des saints qu'elle fut fidèle à Marc, en prononçant une formule rituelle qui se révélera un serment fort ambigu. Elle construit toute une mise en scène et demande à Tristan, déguisé en lépreux, de se trouver au bord du marécage appelé le Mal Pas. Une fois sur place, elle ordonne à ce faux lépreux de la porter sur son dos de l'autre côté du marécage. Le lendemain, elle prononce sur toutes les reliques de Cornouailles ce serment fort habile :

> Écoutez ce que je jure et ce dont j'assure le roi ici présent : avec l'aide de Dieu et de saint Hilaire, je jure sur ces reliques [...] que jamais un homme n'est entré entre mes cuisses sauf le lépreux qui se fit bête de somme pour me faire traverser le gué et le roi Marc mon époux. J'exclus ces deux-là de mon serment mais je n'en exclus pas d'autre (v. 4199-4210)[1].

Un critique a commenté ce passage en mettent en évidence sa perspicacité linguistique :

> Yseut n'a pas menti : elle aurait menti si le lépreux (ou le pèlerin) n'avait pas été Tristan. Yseut connaît l'usage des signes [...] Elle sait qu'un même signe peut renvoyer à différents fragments de la réalité, et que des signes différents (c'est le cas en l'occurrence) peuvent référer à un même fragment du réel. Pour tout un chacun, des signes différents (*Tristan, lépreux*) renvoient à des référents dif-

1. La mention de saint Hilaire, dont le nom donne en français le mot « hilarité », donne le ton de ce serment à propos duquel il y a bien de quoi rire.

férents [...] Allons plus loin : dans cette scène du serment, Yseut [...] avoue que le lépreux a pénétré entre ses cuisses, elle avoue du même coup son adultère devant tous – mais aucun n'est capable de comprendre son énoncé[1].

L'habileté d'Yseut est remarquable, et atteint même des sommets lors de cet épisode. Mais le mensonge n'est pas toujours aussi subtil. Dans le roman de Béroul, tout le monde ment. Le mensonge est délibéré lorsque Marc déclare partir pour un rendez-vous galant alors qu'il se rend dans la forêt du Morrois pour épier Tristan et Yseut (v. 1926-1937). Le mensonge est quelque peu atténué lorsque Ogrin pratique le « beau mensonge ». Il préconise de « mentir un peu à bon escient » (v. 2354), et cherche en fait à réconcilier les amants avec le roi Marc. Tous les moyens sont bons pour atteindre cet objectif, et dans la lettre qu'il rédige à l'intention du roi, il va chercher à atténuer la faute des amants en présentant les événements d'une manière acceptable pour le roi.

L'AMBIGUÏTÉ DES SIGNES

Le roman de Béroul pose en des termes déjà très modernes le problème de l'ambiguïté des signes, problème qui renvoie à l'ambiguïté des sentiments entre les êtres. L'ambiguïté des signes symbolise la difficulté de communiquer dans un univers où le langage est en crise parce que perpétuellement menacé par le mensonge et la manipulation. Qu'est-ce que communiquer ? C'est échanger des signes qui sont censés représenter des pensées. Mais il arrive souvent que ces pensées ne se déduisent pas clairement des signes qui sont censés les exprimer, et l'incompréhension prend naissance, entraînant toute une série de conséquences funestes.

Ainsi, lorsque le roi Marc découvre les amants endormis dans la forêt[2], il ne les réveille pas mais veut leur faire comprendre qu'il a constaté leur chasteté et a eu pitié d'eux :

1. Ch. Marchello-Nizia, « De l'art du parjure : les serments ambigus dans les premiers romans français », *Argumentation*, N°1, 1987, p. 397-405.
2. J. Dufournet, « Étude de l'épisode du roi Marc dans la hutte des amants (Béroul, Tristan, v. 1943-2662) », paru dans l'*Information littéraire*, N° 27, 1975, p. 79-87.

> Avant qu'ils ne s'éveillent, je leur laisserai des signes tels qu'ils sauront avec certitude qu'on les a trouvés endormis, qu'on a eu pitié d'eux et qu'on ne veut nullement les tuer ni moi, ni qui que ce soit dans mon royaume (v. 2021-2026).

Son intention, exposée clairement par le narrateur, se transcrit par des gestes précis. Le roi se livre à plusieurs manipulations : il prend l'épée de Tristan et la remplace par la sienne. Il retire la bague au doigt d'Yseut et la remplace par la sienne. Puis, il quitte la forêt. En se réveillant les deux amants ne comprennent rien à ces signes et, au lieu d'y voir une preuve de la mansuétude de Marc, ils vont les interpréter comme une menace pesant sur leur propre existence. Tristan traduit ainsi la pensée de Marc :

> Nous sommes très coupables à ses yeux [...] il ne nous reste plus qu'à fuir. Le roi nous a quittés pour mieux nous tromper [...] il pense vraiment s'emparer de nous (v. 2091-2098).

Les amants font un contre sens, et interprètent à l'envers le message de Marc. Les signes sont devenus un obstacle à la compréhension entre les personnages. Et si le roman de Béroul reflète un monde où le langage est en crise, c'est qu'il prend place dans un univers où la vérité devient problématique car elle manque totalement de garants humains : la justice et le pouvoir royal sont pris en défaut, seul Dieu pourrait être une garantie de vérité (cf. p. 87). C'est dans cet univers en crise que se développe au XIIe siècle l'art du roman, art du signe et du symbole, art du *mentir vrai* selon l'expression d'Aragon, art de la fiction — c'est-à-dire du mensonge- qui se donne pour la réalité.

12 La société féodale

On retrouve dans *Tristan et Yseut* une évocation souvent très précise de la vie sociale du Moyen Âge. Béroul semble vouloir cultiver un certain réalisme, comme pour rapprocher le vieux récit mythique de la réalité quotidienne des lecteurs du Moyen Âge. On pourra ainsi croire d'autant plus facilement à l'histoire des amants. Tristan et Yseut ne sont pas des personnages lointains vivant à une époque indéfinie : ce sont des êtres de chair et de sang comme on pourrait en rencontrer dans la vie. Le roman de Béroul se déroule bel et bien dans le cadre de la société féodale.

L'ORDRE FÉODAL

On appelle féodalité un type d'organisation sociale fondée sur la notion de pacte (*foedus* désigne en latin le pacte ou l'alliance)[1]. Ce pacte concerne trois ordres, trois catégories d'individus : ceux qui prient (hommes d'Église : prêtres, moines, évêques) ; ceux qui combattent (la noblesse militaire et les « chevaliers ») ; ceux qui travaillent (essentiellement au XIIe siècle les paysans mais aussi les marchands). Pour que la société féodale puisse vivre harmonieusement, chaque catégorie doit remplir sa mission au profit des deux autres. L'Église prie pour les nobles et pour le peuple. Les nobles défendent l'Église et le peuple lorsque ceux-ci sont attaqués. Le peuple travaille pour les gens d'Église et pour la noblesse en leur fournissant des moyens de subsistance.

A l'intérieur de la noblesse des rapports de dépendance existent également. Le roi médiéval n'est pas un monarque tout puissant qui

1. G. Duby, *Les trois ordres ou l'imaginaire du féodalisme*, Gallimard, 1978.

peut faire ce qu'il veut en toutes circonstances. Il se trouve au cœur d'un réseau de pouvoirs et possède moins de droits que de devoirs. Il est par exemple tenu de respecter le contrat qui le lie à ses vassaux (dans le roman, il s'agit des barons). Ces barons lui ont en effet prêté hommage, ils lui ont fait allégeance selon le rite médiéval. Ils lui doivent assistance et obéissance mais, en retour, le roi doit aussi respecter leurs exigences. Les barons du roi ont un droit de conseil (v. 632) et doivent être consultés pour toutes les affaires importantes du royaume. Le roi ne peut prendre seul les décisions importantes et c'est pourquoi les barons menacent de lui faire la guerre si celui-ci ne tient pas compte de leurs critiques ou de leur avis (v. 588).

Les barons sont préoccupés par le problème de la stabilité politique du royaume de Marc. L'infidélité d'Yseut introduit l'anarchie dans l'ordre féodal, car le principe même de l'autorité incarné par Marc est remis en cause aux yeux de toute la société. Comment peut-on respecter un roi que sa femme ne respecte pas ? Aucune scène ne figure mieux l'ordre féodal que celle du retour d'Yseut auprès de Marc après l'épisode de la forêt du Morrois. Une grande cérémonie est organisée et une atmosphère de fête règne partout. Tout le monde part à la rencontre d'Yseut, et les barons du roi Marc accompagnent la reine jusqu'à l'église Saint-Samson[1] (v. 2955-3009). Évêques, moines, clercs et abbés, c'est-à-dire l'ensemble du clergé, viennent se joindre au cortège. La foule de Cornouailles se presse également dans les rues qui ont été superbement décorées. Tous les regards convergent vers Yseut qui réunit alors autour d'elle les trois ordres de la société féodale : la noblesse, le clergé et le peuple. Dans cette scène, c'est toute l'organisation politique du royaume qui transparaît, et les deux catégories sociales dominantes (le clergé et la noblesse) se trouvent au premier plan. Yseut, encadrée par la noblesse de Cornouailles, est accueillie sur le seuil de l'église Saint-Samson par la hiérarchie ecclésiastique. Il s'agit bien d'une réintégration officielle qui suppose la participation de tout le royaume. A travers cette cérémonie, tout rentre

1. Saint Samson était bien connu en Cornouailles. A cette étape du récit, la mention de ce nom n'est peut-être pas fortuite puisque c'est dans une île appelée également Saint-Samson que Tristan combattit le Morholt.

dans l'ordre et l'unanimité renaît. Le peuple ne s'insurge plus contre les barons ou le roi Marc mais applaudit le spectacle avec enthousiasme. Pour marquer sa soumission à l'ordre établi, Yseut offre à l'église Saint-Samson un riche drap de soie tissé d'or avec lequel on confectionnera par la suite un habit liturgique.

JUSTICE OU VENGEANCE ?

Tout le roman de Béroul est traversé par une question fondamentale, qui concerne évidemment les amants mais qui s'étend aussi à d'autres personnages de l'histoire. Est-il possible de faire régner la justice en Cornouailles, ou bien le royaume est-il définitivement abandonné à la vengeance ?

Un roi vengeur

Tristan et Yseut sont suspectés d'enfreindre les règles de la société. Ils sont donc soumis aux règles de justice en vigueur dans le royaume et sont obligés de rendre des comptes au roi, représentant suprême de la justice. Mais ce roi est faible, il n'incarne pas la vraie justice. C'est pourquoi, le roman de Béroul offre l'image d'un monde où des valeurs différentes, sinon opposées, s'affrontent. La morale féodale de l'obéissance et de la résignation entre en conflit avec la morale de l'amour incarnée par les amants. Laquelle de ces deux morales l'emportera sur l'autre ? Les amants ont-ils le droit de décréter leurs propres principes moraux conformes à leur intérêt mais contraires à l'ordre établi ? Voilà l'un des problèmes clés du roman de Béroul.

Au Moyen Âge, on rend la justice selon un ensemble de procédures parfaitement connues et établies. Or, ces procédures ne sont pas toujours respectées dans le roman, même par celui qui devrait être leur plus ardent défenseur : le roi Marc. Le roman repose en fait sur un face-à-face judiciaire entre les amants et les barons félons, et on trouve entre eux le roi Marc qui est, en principe, le garant des institutions et des coutumes. Il est représenté comme tenant sa cour de justice dans son palais (v. 1864), et préside les audiences où se discutent les affaires juridiques de son ressort, mais il ne peut être un garant objectif puisqu'il est personnellement impliqué dans le conflit. Tout le problème vient de cette position : à la fois juge et partie, Marc réagit de manière partiale. Il agit sous l'effet de l'émotion et fait régner la vengeance plus que la justice.

Lorsque les amants sont pris en flagrant délit d'adultère dans la chambre du roi, ils devraient être jugés selon une procédure précise. Ils ont droit à une procédure de « justification ». Mais la réaction des barons félons est immédiate : ils demandent au roi de se venger (v. 786). La réaction de Marc est immédiate : il condamne les amants à être brûlés sans autre forme de procès. Ainsi, Marc approuve le désir de vengeance des barons, et reste inflexible malgré la prière du peuple de Cornouailles qui réclame la clémence pour les amants (v. 855). Un ami des amants prend même leur défense : le sénéchal Dinas de Dinan (v. 1097-1098) rappelle que, selon la procédure en vigueur, les amants doivent reconnaître leur faute avant d'être condamnés à mort. Or, jamais Tristan et Yseut n'ont avoué leur tort, et jamais ils ne reconnaîtront leur culpabilité car ils sont sous l'emprise du philtre. Dinas l'avertit : Marc ne respecte pas la justice en les traitant de la sorte, et il doit alors s'attendre à la riposte vengeresse de Tristan. La vengeance appelle la vengeance. Tristan a réussi à s'échapper, et il peut parfaitement s'en prendre aux barons félons et les tuer pour venger Yseut. En fait, Yseut ne mourra pas sur le bûcher mais Tristan tuera deux des barons à la fin du roman et le troisième mourra dans la forêt du Morrois, tué par Gouvernal (v. 1668-1727). La vengeance de Tristan a donc produit ses effets, et Gouvernal la relaie en exécutant le forestier qui a dénoncé les amants au roi Marc lors du tournoi du Mal Pas (v. 4045-4056). Cette vengeance se moque bien de la justice du roi. Elle ne pense qu'à atteindre tous ceux qui se sont rendus coupables de malversation envers les amants. Tout se passe comme s'ils fixaient eux-mêmes les règles de leur morale, en fonction de leurs propres intérêts.

Le duel judiciaire

Dans l'univers officiel de la justice, il existe toutefois une procédure à laquelle Tristan peut légitimement prétendre. Il s'agit du duel judiciaire. Pour trancher une affaire, on demande à deux adversaires de s'affronter en combat singulier. La pratique du duel qui subsiste encore au XVIIIe siècle, voire au-delà, provient de cette coutume. Celui qui remporte le duel remporte le procès. Selon la mentalité médiévale, sa victoire montre qu'il bénéficie de la protection du ciel. Dieu lui accorde la victoire pour signifier que le bon droit est de son côté. Le duel est un moyen d'établir la vérité dans des affaires que la justice des hommes ne peut trancher et d'en appeler à la justice divine. On s'en remet au jugement des armes comme au jugement de Dieu. De telles coutumes rappellent l'usage antique de l'ordalie qui représentait, encore au Moyen Âge, la procédure capitale d'un jugement la mise à l'épreuve (par le feu, l'eau ou les armes) avant ou après un serment permet de faire surgir une vérité qui apparaît comme l'expression même du jugement de Dieu.

LE TOURNOI

Lors de l'épisode du Mal Pas, Yseut doit se disculper aux yeux de tout le monde. Elle doit, au moyen d'une subtilité de procédure, parvenir à établir son innocence. Avant le moment solennel de cette disculpation, et après la scène de la traversée du marécage, le faux lépreux Tristan porte son armure de chevalier et participe au tournoi qui rassemble les meilleurs chevaliers du monde. Tristan participe incognito à la joute, et remporte la victoire sur les meilleurs des chevaliers de la Table Ronde. Ainsi, il ne manifeste pas seulement sa supériorité chevaleresque, il prouve également son excellence morale. Sa bravoure dans les armes est une preuve de sa noblesse d'âme. Au Moyen Âge, on aime volontiers traduire en termes moraux des caractéristiques physiques : un personnage beau est forcément honnête et bon ; un personnage laid ne peut être que méchant et pervers. De ce point de vue, Tristan incarne la beauté et le lecteur le pense honnête et bon.

Le tournoi est l'un des rites favoris du monde courtois. Il se déroule généralement dans une ambiance de fête et constitue un morceau de bravoure des romans courtois du XIIe siècle. Les écrivains et le public affectionnent ces spectacles mouvementés, généralement pimentés de péripéties inattendues (dans le roman de Béroul, on assiste ainsi à l'arrivée de deux chevaliers inconnus qui ne sont autre que Tristan et son écuyer). En littérature, il s'agit toujours d'évocations colorées qui exaltent les prouesses et la sportivité des combattants, mais qui révèlent aussi des drames dont les enjeux rejoignent directement ceux du roman.

Tristan s'est à nouveau dissimulé sous un masque. Son cheval est tout revêtu de noir, il porte lui-même des vêtements noirs, et on le prend pour un chevalier féerique nommé le Noir de la Montagne (v. 4016). Le choix de la couleur n'est certes pas innocent : couleur de la nuit, le noir renvoie aux monstres et créatures qui hantent de nombreux mythes. Associé au monde de la montagne, le noir rappelle la couleur des bêtes sauvages qui fréquentent un univers inquiétant, généralement interdit aux mortels. Au Moyen Âge, la montagne n'est pas un lieu recherché. Peu explorée, lointaine et méconnue, elle est d'abord et avant tout un domaine inquiétant où demeurent des êtres étranges ; c'est le pays de géants ou d'êtres féeriques.

On sait par ailleurs que certains guerriers antiques portaient un costume noir pour affronter leurs adversaires. Ils utilisaient des boucliers noirs, choisissaient la nuit noire pour combattre, et suscitaient l'épouvante en se faisant passer pour des revenants (Tacite, *La Germanie*). Ce noir est donc le symbole d'une fureur quasi animale dont Tristan semble faire preuve en affrontant les meilleurs chevaliers de la Table Ronde. Et en mettant en déroute l'élite de la chevalerie, Tristan fait preuve de sa capacité destructrice. Nul doute qu'il pourrait commettre d'autres désastres. Est-ce un funeste présage ?

13 L'oralité

Au Moyen Âge, le livre imprimé n'existe pas. Il n'existe que des livres copiés à la main, autrement dit des manuscrits. Ceux-ci sont réalisés non avec du papier mais avec du parchemin, c'est-à-dire des peaux de bêtes (généralement de bovins) soigneusement traitées, aplanies et lissées. Le parchemin coûte cher et le manuscrit est donc souvent un produit de luxe. Il ne circule que dans les milieux aisés, et tout le monde ne peut avoir accès à ces livres manuscrits dont la réalisation prend beaucoup de temps. La lecture silencieuse et individuelle des romans n'est ainsi pas très répandue : il existe peu de livres et tout le monde ne sait pas lire. Néanmoins, le public médiéval n'ignore pas le plaisir du conte et il aime se faire raconter de belles histoires. C'est même une distraction de plus en plus appréciée au cours du Moyen Âge, tout spécialement dans la chambre des dames. On prend l'habitude de se réunir pour entendre les conteurs, qui narrent les histoires de mémoire ou à l'aide d'un manuscrit dans lequel elles sont consignées. C'est très probablement la fonction d'aide-mémoire que devait avoir le manuscrit de Béroul. Et l'oralité définit tout l'art du conteur.

LA VOIX DU CONTEUR

On comprend très vite en le lisant que ce texte est d'abord destiné à une lecture publique. A de très nombreuses reprises, on entend la voix du conteur qui est comme enregistrée par l'écriture. Béroul procède ainsi à de nombreuses interpellations du public, et c'est souvent une manière de relancer la curiosité de l'auditoire à un moment où l'intérêt semble retomber[1]. Par ce procédé, le conteur fait aussi monter insensiblement la tension du récit par exemple en signalant l'existence d'une pierre où Tristan pourrait se rompre le cou : « Seigneurs, il y avait une grande et large pierre à mi-hauteur du rocher » (v. 948-949). Ailleurs, l'interpellation a une fonction plus classique, celle de faire repartir le récit en amorçant une nouvelle étape :

> Seigneurs, on vous a déjà parlé du vin dont ils burent (v. 2133-2134).
> Seigneurs, le jour de l'assemblée, le roi Marc était entouré d'une grande foule (v. 2765-2766).

Le verbe « écouter » vient parfois renforcer cette interpellation :

> Seigneurs, écoutez ce que fait la reine (v. 2319).

Le verbe « écouter » peut être employé seul, à l'impératif, en tête de phrase :

> Écoutez comme il agit cette nuit-là (v. 702).
> Mais écoutez ce qu'il en est d'Yseut (v. 2200).
> Écoutez à présent ce que Tristan va faire (v. 3010).
> Écoutez à présent l'histoire des trois barons (v. 3028).

Il s'agit de mettre le public en haleine. Le procédé s'apparente assez à celui en vigueur dans la chanson de geste dont le roman de Béroul reprend quelques procédés comme les formules stéréotypées qui s'attachent aux personnages : « Yseut la belle », les « trois félons ».

UN NARRATEUR PARTIAL

Le narrateur est très présent dans son récit. Il ne se contente pas de raconter froidement les événements : il y participe. Il est un témoin d'une histoire qui semble s'être déroulée quelques semaines ou quelques mois avant la narration. Il joue même au narrateur omniscient qui annonce par avance le déroulement de quelque épisode

1. Un critique parle du style de l'exclamation à propos de Béroul. Voir Raynaud de Lage, « Du style de Béroul », *Romania*, N° 85, 1964, p. 518-530.

fatal. Ainsi, le sort du forestier qui a dénoncé les amants : « Le forestier aurait mieux fait de s'en aller, car il connut par la suite une mort honteuse, ainsi que vous l'apprendrez plus loin. » (v. 1918-1920). Ces anticipations créent des effets d'attente qui recentrent l'action sur la notion de châtiment mérité.

Il est rare que Béroul parle des barons sans lancer contre eux une malédiction :

> L'un des trois félons qui les avaient trahis — que Dieu maudisse ces personnages (v. 1656).
> Elle était aimée de tout le monde sauf des félons, que Dieu les anéantisse (v. 2753-2754).
> Que l'Enfer s'ouvre pour les engloutir (v. 2826).
> Maudits soient-ils, ils sont trop méchants ! (v. 2891).
> Écoutez à présent l'histoire des trois barons (que Dieu les maudisse !) (v. 3028).
> Les trois félons, que le feu de l'Enfer les brûle ! (v. 3788).

La haine du narrateur pour les félons est évidemment à l'inverse de sa sympathie pour les amants. Il semble que le narrateur se laisse parfois emporter par ses propres réactions.

Il se met ainsi à critiquer ses personnages. Yseut néglige d'enlever le drap où Tristan a laissé une trace de sang très compromettante :

> Ah, Dieu ! Quel dommage que la reine n'ait pas enlevé les draps du lit ! Aucun d'eux cette nuit-là n'aurait été reconnu coupable. Si Yseut s'en était avisée, elle aurait aisément pu préserver son honneur (v. 750-754).

Il plaint les amants dans leur malheur :

> L'amour leur aura causé bien des souffrances. Pendant trois années entières, ils souffrent le martyre (v. 2130-2131).

Le récit prend alors un caractère très affectif, et l'émotion règne en maître. C'est une manière d'impliquer l'auditeur dans l'histoire, une manière de manipuler parfois ses sentiments. Le jugement de l'auditeur est naturellement orienté en faveur des amants, et on oublie qu'ils sont hors-la-loi pour sympathiser avec eux. On pardonne leur immoralité apparente pour compatir à l'injustice de leur destinée.

L'utilisation des temps verbaux est une autre manière d'animer le récit, de susciter la tension ou l'intérêt à des moments importants de l'œuvre. Le passage brusque dans la narration du passé au présent permet de détacher les moments cruciaux de l'action et de rythmer l'émotion de l'auditeur :

> Dans la chambre, il n'y avait pas la moindre clarté, ni cierge ni lampe allumée. Tristan se mit debout sur le lit. Dieu ! Pourquoi fait-il cela ? Mais écoutez ! Il joint les pieds, estime la distance et saute, il retombe sur le lit du roi. Sa plaie s'ouvre et saigne abondamment (v. 725-731).

L'événement est inséparable de l'émotion qu'il suscite. Le récit devient un plaidoyer en faveur des amants.

UNE ÉCRITURE THÉÂTRALE

Dialogues et déguisements

L'histoire prend aussi un caractère théâtral. Un décor, des acteurs (les amants) et des spectateurs. A de nombreuses reprises, le récit fait penser à une scène de théâtre. Dès la première séquence du roman, le caractère théâtral de l'œuvre apparaît et le dialogue y joue souvent un rôle prépondérant. Des scènes entières ne font que relater les échanges de répliques entre deux personnages et le narrateur s'efface totalement. Véritable comédie à trois personnages, le rendez-vous de la fontaine montre le jeu complexe de représentation que donnent Tristan et Yseut au roi Marc. Ainsi, au début du roman, Marc croit assister en spectateur à un vrai dialogue entre Tristan et Yseut. En fait, les amants qui se savent épiés tiennent un rôle qui n'est pas le leur. Il s'agit d'un vrai faux dialogue. Yseut joue à l'épouse fidèle qu'elle n'est pas, et Marc qui croyait être spectateur est en fait l'acteur-auditeur du dialogue qui lui est directement adressé. A la fin du roman, lors de la scène du Mal Pas, Tristan se déguise en lépreux et joue à nouveau la comédie, mais devant la cour de deux rois cette fois-ci. Il se trouve de nouveau en représentation : c'est sous l'apparence d'un autre qu'il peut rencontrer Yseut et lui parler en toute impunité. Il peut même se payer le luxe de mimer devant la foule un simulacre d'acte sexuel en se laissant chevaucher par Yseut.

Un découpage en actes et en tableaux

En fait, comme l'a montré René Ménage[1], Béroul procède par scènes théâtrales. On peut ainsi proposer un découpage de la matière romanesque qui repose sur une distinction en actes et en tableaux. Chaque scène possède une réelle unité de lieu, et se trouve construite autour de personnages dont l'arrivée ou le départ détermine les séquences. Il en découle une construction qui emprunte à la dramaturgie ses procédés principaux, et on suit fort bien la succession des acteurs sur la scène :

Première partie	
Acte 1 : *Le rendez-vous sous le pin.* *Acte 2 :* *La victoire d'Yseut sur les soupçons de Marc*	Tableau 1 : départ du nain (320-338) Tableau 2 : Yseut et Brangien (339-384) Tableau 3 : le roi et Yseut (385-527) Tableau 4 : Brangien et Tristan (528-550) Tableau 5 : Brangien, Yseut, Tristan et le roi (551-572)
Acte 3 : *La revanche de Frocin et des traîtres*	Tableau 1 : la dénonciation des barons (581-642) Tableau 2 : le nain prépare le piège (643-724) Tableau 3 : Tristan pris au piège (725-826)
Acte 4 : *L'évasion des amants condamnés au supplice*	Tableau 1 : le peuple gronde (827-865) Tableau 2 : le bûcher de Tristan est dressé (865-908) Tableau 3 : le saut de la chapelle (909-964) Tableau 4 : Tristan et Gouvernal (965-1044) Tableau 5 : Yseut apprend l'évasion de Tristan (1045-1064)

1. R. Ménage, « L'atelier Béroul ou Béroul artiste », *Romania*, N°95, 1974, p. 145-198.

	Tableau 6 : Yseut est conduite au supplice (1065-1154) Tableau 7 : Tristan sauve Yseut (1235-1278)
Acte 5 : Souffrances et joie des amants traqués	Tableau 1 : début de la vie dans la forêt (1279-1305) Tableau 2 : Frocin puni (1306-1350) Tableau 3 : rencontre d'Ogrin (1351-1436) Tableau 4 : Husdent (1437-1605) Tableau 5 : la chasse à la muette (1606-1636) Tableau 6 : souffrances dans la forêt (1637-1655) Tableau 7 : un félon tué (1656-1746) Tableau 8 : l'Arc infaillible (1747-1773)
Acte 6 : Les amants surpris et épargnés	Tableau 1 : Tristan et Yseut endormis (1774-1834) Tableau 2 : le forestier et le roi (1835-1980) Tableau 3 : le pardon de Marc (1981-2062) Tableau 4 : nouvelle fuite des amants et de Governal (2063-2132)
Acte 7 : Remords et négociations	Tableau 1 : le remords (2133-2288) Tableau 2 : seconde visite à Ogrin (2289-2448) Tableau 3 : L'expédition de Tristan (2449-2508) Tableau 4 : Le conseil royal (2509-2650) Tableau 5 : Joie et tristesse des amants (2651-2732) Tableau 6 : Joie de l'ermite. Annonce de la réconciliation (2733-2764)

Deuxième partie	
Acte 1 : *Séparation de Tristan et Yseut*	Tableau 1 : les adieux des amants (2765-2844) Tableau 2 : Yseut réintégrée à la cour (2845-2952) Tableau 3 : la fête (2953-3009) Tableau 4 : Tristan chez Orri le forestier (3010-3027)
Acte 2 : *Yseut contrainte de se justifier*	Tableau 1 : nouvelle dénonciation des félons (3028-3147) Tableau 2 : Yseut s'engage à se justifier par une procédure juridique (3148-3282)
Acte 3 : *Préparation du serment public Ambassades*	Tableau 1 : Périnis chez Tristan (3283-3364) Tableau 2 : Périnis chez Arthur (3365-3562) Tableau 3 : Tristan et Gouvernal (3563-3608)
Acte 4 : *Le « jeu du bourbier »*	Tableau 1 : Tristan au Mal Pas (3609-3701) Tableau 2 : Tristan et le roi Arthur (3702-3739) Tableau 3 : Tristan et Marc (3740-3787) Tableau 4 : Tristan et les félons (3788-3864) Tableau 5 : la chevauchée d'Yseut (3865-3984)
Acte 5 : *Le serment public*	Tableau 1 : Tristan et Gouvernal au tournoi (3985-4074) Tableau 2 : la fête dans la prairie (4075-4182) Tableau 3 : le conseil des rois (4137-4182) Tableau 4 : le serment (4183-4266)
Acte 6 : *Le piège de la fenêtre*	Tableau 1 : la dénonciation du manant (4267-4350) Tableau 2 : Tristan tue Denoalain (4351-4409) Tableau 3 : Tristan tue Godoïne (4410-4484)

L'importance du public

La reconstitution de toutes les étapes du récit montre bien la succession d'un récit dans lequel les acteurs sont très conscients de leur rôle théâtral. Les personnages importants de l'œuvre se savent en représentation. Le monde tristanien est un théâtre où le paraître permet de sauvegarder l'être. Il faut dissimuler pour exister. Tristan et Yseut le comprennent mieux que les autres. Toutefois derrière cette illusion, se cache le drame des sentiments auxquels le lecteur ne peut rester indifférent. Le roman de Béroul se caractérise par la volonté délibérée d'agir sur l'auditeur pour en faire lui-même un acteur, témoin du drame. C'est le sens implicite de la présence du peuple de Cornouailles, substitut fictif de l'auditoire du roman. Les Cornouaillais forment un personnage collectif dont les réactions doivent guider celle des auditeurs : lamentations devant la condamnation à mort d'Yseut (v. 879) ; joie collective au moment du retour d'Yseut (v. 2960-2961) ; admiration devant la beauté de la reine Yseut lors de la scène du Mal Pas. Il y a donc dans la fiction romanesque un public qui assiste en spectateur aux évolutions des personnages principaux, un public qui observe la scène et réagit comme les lecteurs du roman dont il est la représentation fictive.

14 Le rire et les larmes

L'extrême originalité du roman de Béroul réside dans sa capacité à jouer avec les émotions du lecteur. Plus qu'une histoire originale qui le séduit par ses péripéties, l'œuvre est un événement esthétique qui veut faire de l'auditeur ou du lecteur un personnage à part entière de l'histoire. On ne peut trop insister sur la réception de ce texte par un public représenté dans le déroulement même du récit. Le lecteur est un acteur, représenté symboliquement dans la trame même du texte. Le narrateur l'incite à réagir, à prendre part à l'histoire et à exprimer ses sentiments de la manière la plus spontanée possible. C'est le sens des interpellations de l'auteur au public. Béroul a bien conscience qu'il lui faut ménager une gamme d'émotions variées, et que la monotonie n'est jamais un gage de succès. Tout l'univers de *Tristan et Yseut* oscille significativement entre le rire et les larmes.

SCÈNES COMIQUES

L'épisode des oreilles de cheval fait évidemment de Marc un personnage ridicule. Cette difformité pourrait s'apparenter assez bien aux cornes dont la tradition populaire affuble les cocus. Le thème du cocuage, permanent dans le roman, est un motif comique évident. A la fois crédule et borné, le roi ne mesure pas la réalité de la situation et se laisse berner par les amants. Le thème du cocuage favorise le comique de situation et le comique de caractère, et Béroul ne se prive pas de l'exploiter. Ainsi les amants prennent un malin plaisir à tromper le roi Marc sans éprouver le moindre remords, et lors du rendez-vous épié, Yseut joue intentionnellement la jeune femme qui défend son mari, n'aime que lui et refuse, pour sauvegarder cet amour conjugal, d'accepter le moindre cadeau. En réalité, Yseut fait exactement le contraire et, à la fin de la scène, expose sa joie d'avoir dupé le roi sans montrer aucun remords : « Je me suis tirée d'embarras » (v. 369). Marc croit à son discours et vient la féliciter pour sa fidélité. Le cocu encourage ici son propre cocuage. Il est paradoxalement heureux lorsqu'il est le plus trompé. Dans ce cas, les amants mettent évidemment le lecteur ou l'auditeur dans leur jeu. Le lecteur est pris à témoin ; il est dans le secret des personnages et devient leur complice.

L'épisode du Mal Pas est également prétexte à un beau déchaînement comique, non exempt d'ailleurs de significations symboliques. La traversée de l'étendue boueuse s'apparente au franchissement du fleuve de l'Au-delà. Certains ne seront pas inquiétés : ils devront seulement s'acquitter d'une obole très symbolique comme celle que doit verser le roi Arthur au passeur Tristan. D'autres connaissent les pires difficultés : lors de la traversée du marécage, les barons félons s'enlisent dans la partie la plus boueuse du marais. Tristan s'est fait un malin plaisir de leur indiquer cet endroit périlleux, leur laissant croire qu'il était sans danger. Les félons s'enlisent et craignent soudain d'être engloutis dans la vase (v. 3794), mais Tristan les encourage à continuer et plus les barons se démènent, plus ils s'enfoncent. Au comble de la joie, le faux lépreux s'agite frénétiquement, cachant sa satisfaction derrière un vacarme de contentement. Il agite sa crécelle, tape sur sa gourde pour rythmer les brasses des barons enlisés : il s'agit d'un nouvel appel au lecteur complice de cette farce punitive. Beau Joueur, le nom du cheval de Tristan, révèle assurément un trait essentiel de la psychologie de son maître : le goût du jeu et de la plaisanterie.

SCÈNES PATHÉTIQUES

La scène de séparation des amants appelle le pathétique. Béroul adopte un registre émouvant pour cet instant capital. La douleur de Tristan est très vive lorsqu'il prend connaissance des exigences du roi : ce sera l'exil. Il a alors l'idée d'échanger avec Yseut des gages d'amour qui rendront cette séparation moins lourde. Husdent pour

Yseut, et l'anneau de jaspe vert pour Tristan représenteront l'être aimé. Toutefois, le déracinement que suppose la séparation mais également le renoncement qu'elle exige avivent un désir amoureux, qui doit se faire violence à lui-même. L'intensité des regards et les gestes de tendresse rallongent le moment douloureux. Triste Tristan. Triste Yseut.

> Ils se regardent tendrement. La reine rougit ; elle avait honte devant tout le monde. Tristan s'en va, il me semble. Mon Dieu, il rendit plus d'un cœur triste ce jour-là (v. 2914-2917).

Les larmes d'Yseut ne sont pas seulement le signe de l'émotion qui l'étreint à certains moments. Elles témoignent aussi et surtout d'une croyance très répandue au Moyen Âge : le don des larmes. Un être incapable de pleurer est insensible au repentir. C'est le signe qu'il est entièrement habité par les forces du mal, et totalement enfermé dans le péché. Les sorcières ne pleurent jamais car elles ont une nature démoniaque. Au contraire, un être foncièrement bon possède le pouvoir de pleurer. C'est dire toute l'importance des sanglots d'Yseut aux pieds de l'ermite (v. 1409). Ogrin, en la voyant pleurer, comprend qu'elle n'est pas irrémédiablement condamnée au mal, même si le moment du repentir n'est pas encore venu. L'instant est évidemment pathétique : les amants se sentent totalement seuls, et l'ermite représente leur unique chance d'échapper à la damnation. Mais la scène se conclut sur une sorte d'incompréhension réciproque : elle achoppe sur le sens du mot *péché*. En ancien français, ce mot peut avoir deux sens différents, et les amants et l'ermite ne le comprennent pas dans le même sens. L'ermite lui donne le sens chrétien de « faute commise volontairement » (comme le péché originel) et les amants y voient simplement le sens d'une erreur plus ou moins fatale, sans aucune nuance chrétienne. Ce dialogue de sourds a évidemment quelque chose de désespérant. Lors de la deuxième rencontre, c'est l'ermite qui va pleurer (v. 2331) mais de joie cette fois. La scène n'en garde pas moins un caractère pathétique car les amants ont cette fois conscience de leur misère. Leur dénuement (ils sont vêtus de haillons), leur détresse et leur dignité émeuvent l'ermite qui constate cette fois leur repentir. A chaque fois, les sanglots des personnages anticipent les réactions du lecteur. Ils donnent le signe d'une véritable contagion de l'émotion qui doit logiquement se propager au lecteur ou à l'auditeur de l'œuvre.

LE MÉLANGE DES GENRES

Le ton inimitable de Béroul ignore la séparation des genres qui voudrait qu'un épisode soit comique ou tragique. Le tragi-comique est son registre préféré. Dans un même épisode, on passe sans transition du rire aux larmes et tout est fait pour stimuler l'émotion du lecteur, tenu en haleine par des rebondissements imprévus. Lors de l'exécution du forestier par Gouvernal, Yseut est la seule avec Tristan à connaître l'auteur du coup mortel, et c'est pourquoi elle se met à rire (v. 4056). Ce rire ne s'adresse-t-il pas au lecteur qui devient, une fois de plus, le complice direct des personnages principaux ?

La scène où Yseut est condamnée à être livrée aux lépreux pour assouvir leur désir sexuel appartient au registre pathétique. Yseut a toutes les chances d'être mutilée par des êtres immondes et on l'imagine déjà humilié, violée, meurtrie. Le roi Marc jubile de lui infliger ce châtiment abject, malgré les récriminations du peuple qui représentent dans la fiction la réaction des auditeurs de l'histoire. La tension est à son comble. Le narrateur décrit Yseut silencieuse et ligotée :

> Les larmes ruisselaient sur son visage. La dame portait un bliaut étroit de brocart gris brodé de fils d'or […] Celui qui pourrait regarder son corps et son visage sans être ému de pitié aurait la méchanceté dans son cœur. Ses bras étaient étroitement liés (v. 1146-1154).

Mais Tristan guette le déplacement des lépreux et a tôt fait de semer la panique dans leurs rangs. Tout essoufflés, ils gémissent ou vocifèrent avant d'affronter le héros. C'est un combat fort inégal : ils brandissent leurs béquilles en claudiquant, allure grotesque s'il en est. Béroul prend bien soin de signaler que Tristan ne leur fait aucun mal, qu'il a du respect pour ces malades claudicants, mais le grotesque vient soudain effacer le pathétique et rétablir la tonalité plutôt optimiste de l'œuvre.

Le ton du roman de Béroul repose sur cet équilibre entre joie et tristesse, pathétique et comique. La fin du récit de Béroul reste inconnue. Comment se terminait vraiment l'œuvre ? Nul ne peut le dire. En tout cas, Béroul n'est pas l'auteur de la mort dramatique des amants, relatée par un écrivain de la même époque (Thomas d'Angleterre) et qui fait sombrer l'amour-passion dans le tragique le plus total. Le relatif optimisme de Béroul sur la passion amoureuse est sans doute la part la plus originale d'une œuvre complexe qui mêle, à l'instar de la vie, le rire aux larmes et l'amour à l'espérance. Comme le dit fort justement un critique, le roman tente sans doute de « résoudre sur le seul plan qui permette de vivre, celui du jeu, le problème du tragique de la vie »[1].

1. J. Batany, « Le *Tristan* de Béroul : une tragédie ludique », dans *L'Hostellerie de Pensée. Études sur l'art littéraire du Moyen Âge offertes à Daniel Poirion,* Presses de l'Université Paris-Sorbonne, 1995, p. 38.

15 La littérature et le mythe

En 1943, Jean Cocteau adapta la légende tristanienne au cinéma. Il intitula son film l'*Éternel retour*, et justifia ce titre dans le générique :

> L'Éternel retour : ce titre emprunté à Nietzsche veut dire, ici, que les mêmes légendes peuvent renaître sans que leurs héros s'en doutent. Éternel retour de circonstances très simples qui composent la plus célèbre de toutes les grandes histoires du cœur.

A la même époque, le critique suisse Denis de Rougemont composait un essai intitulé l'*Amour et l'Occident*, où il démontrait le caractère archétypal de l'histoire de Tristan et Yseut dans tout l'Occident. On trouverait dans le récit tristanien le modèle de toutes les grandes histoires d'amour. La conception tragique de l'amour, l'amour toujours condamné d'avance : voilà les thèmes favoris du roman occidental. Bien que cette définition ne convienne pas tout à fait au récit de Béroul, mais plutôt à celui de Thomas, on ne peut s'empêcher de noter, déjà chez Béroul, le caractère de transgression qui s'attache à un amour d'exception. L'amour, le roman, la faute : trois versants d'une même obsession appelée à devenir mythe littéraire, voire mythe tout court.

Si le roman de Tristan hérite de vieux thèmes mythiques, venus de récits très lointains, on peut dire également qu'il est à l'origine du mythe médiéval (et moderne) de l'amour-passion. A certains égards, le mythe tristanien fonde tout le roman occidental, car il existe très peu de romans qui ne soient pas d'abord et avant tout des histoires d'amour, et très peu de ces histoires d'amours qui ne soient malheureuses. Beaucoup, comme celle de Tristan et d'Yseut, sont surtout scandaleuses. Cette réputation de scandale finit d'ailleurs par s'allier si intimement au genre romanesque que l'on interdit même à certaines époques et dans certains milieux la lecture des romans aux jeunes filles.

Dès le roman de Béroul, on voit bien comment le roman joue avec la morale. Au nom de l'amour, il prend un malin plaisir à ridiculiser les principes sacrés qui fondent l'ordre social. Tristan et Yseut sont en infraction avec la société. Sans le vouloir totalement, ils portent l'adultère à la perfection, bafouent les commandements de l'Église et les règles de leur milieu social. Malgré cette turpitude (involontaire certes, puisqu'ils ont l'excuse d'un philtre), ils apparaissent comme des héros exemplaires qui recueillent d'emblée la faveur publique. Dès lors, deux échelles de valeur entrent en conflit : celle de la société et celle que la littérature édifie. Cette dernière tend justement à confondre le Beau et le Bien : des personnages qui font de l'amour un idéal et qui exaltent la beauté du sentiment amoureux doivent-ils être condamnés ? Évidemment, non, et l'imaginaire de la Faute porté par leur histoire lui confère un statut mythique qui connaîtra des prolongemonts infinis.

Tristan et Yseut n'ont pas cessé de hanter le Moyen Âge et, après Béroul, d'autres romanciers s'emparent de cette histoire pour en relater des épisodes inédits. Thomas d'Angleterre dans son *Roman de Tristan* fait mourir les amants dans une scène qui arrime le mythe au tragique. Dès le XIIIe siècle, l'immense roman de *Tristan en prose* réordonne l'histoire de Tristan en l'intégrant à l'histoire de la Table Ronde et des chevaliers d'Arthur. Toute l'Europe, de l'Allemagne à l'Italie, des pays scandinaves aux pays slaves, adapte l'histoire de Tristan et d'Yseut, amants malgré eux, envers et contre tout.

Bibliographie

ÉTUDES

- BAUMGARTNER Emmanuelle, *Tristan et Iseut*, PUF, 1987.
- CHOCHEYRAS Jacques, *Tristan et Yseut. Genèse d'un mythe littéraire*, Champion, 1996.
- BARTEAU Françoise, *Les Romans de Tristan et Yseut : introduction à une lecture plurielle*, Larousse, 1972.
- DELBOUILLE Maurice, « Le premier roman de Tristan », *Cahiers de civilisation médiévale*, N°5, 1962, p. 273-286 et 419-435.
- FRAPPIER Jean, « La reine Iseut dans le *Tristan* de Béroul », *Romance Philology*, N° 26, 1972, p. 215-228.
- FRAPPIER Jean, « Structure et sens du Tristan », *Cahiers de civilisation médiévale*, N°6, 1963, p.255-280 et 441-454.
- MÉNAGE René, « L'atelier Béroul ou Béroul artiste », *Romania*, N° 95, 1974, p. 145-198.
- NOBLE Peter, « L'influence de la courtoisie dans le *Tristan* de Béroul », *Le Moyen Âge,* N°75, 1969, p. 467-477.
- POIRION Daniel, « Le *Tristan* de Béroul : récit, légende et mythe », *L'Information littéraire*, N° 26, 1974, p. 199-207.
- SHIRT David J., *The Old French Tristan Poems : A Bibliographical Guide*, Grant & Cutler, 1980.

ÉDITION DE RÉFÉRENCE

Tristan et Iseut. *Les poèmes français. La saga norroise*, Livre de Poche, 1989, coll. *Lettres gothiques.* Édition bilingue (ancien/nouveau français) des textes originaux et intégraux présentés, traduits et commentés par Philippe WALTER. Cet ouvrage contient également la saga norroise traduite par Daniel LACROIX.

Lexique

Adoubement : cérémonie au cours de laquelle on remet à un jeune homme les armes qui lui permettent de devenir chevalier. L'adoubement est ainsi un rite d'initiation, et on peut être adoubé à partir de l'âge de quinze ans.

Armoiries : rien ne ressemble plus à un combattant sous son armure qu'un autre combattant sous son armure, surtout lorsqu'ils portent des heaumes (ou casques) qui recouvrent l'intégralité du visage. Il était donc nécessaire d'inventer des signes de reconnaissance entre les combattants pour mieux les identifier. Ce fut le rôle des armoiries, qui apparurent vers le milieu du XIIe siècle sous la forme que nous leur connaissons : blasons de couleurs différentes avec diverses figures ou emblèmes généralement chargés de valeur symbolique.

Baron : étymologiquement, le baron est d'abord un guerrier, un combattant, qui se distingue par ses éminentes qualités et est anobli. Dans le roman de Béroul, le baron est un homme de rang noble, vassal du souverain. Le terme peut désigner par extension certaines catégories de nobles fréquentant la cour du roi.

Chapelain : il s'agit d'un prêtre attaché à la personne, voire à la famille, d'un prince, et qui s'occupe de la chapelle du château (d'où son nom). Il est au service exclusif du prince qui l'emploie, et assure pour ce prince tous les services religieux désirés (célébration privée de la messe en particulier). Compte tenu de sa formation (il sait lire et écrire dans une société où l'analphabétisme est très répandu), le chapelain remplit aussi des tâches de secrétariat et s'occupe souvent de la correspondance de son protecteur.

Chevalier : étymologiquement un chevalier est d'abord un cavalier, c'est-à-dire un guerrier qui combat à cheval. Cela suppose de posséder une certaine fortune car l'achat d'un cheval représente une dépense conséquente. Petit à petit, la chevalerie devient une partie de la noblesse de cour, et se constitue en caste régie par des rites spécifiques (par exemple, l'adoubement est son rite d'initiation) et par une idéologie morale très teintée de courtoisie. Très souvent, le chevalier n'a pas de fief et part à l'aventure pour conquérir la gloire ainsi que des moyens de subsistance (en particulier une terre qui lui appartiendra en propre).

Cour : la cour désigne le milieu où vivent un seigneur et son entourage. Elle favorise l'émergence d'une vie sociale nouvelle où hommes et femmes se fréquentent en bonne intelligence. L'apparition des femmes dans ce milieu essentiellement porté vers la guerre vient transformer l'esprit traditionnel de la cour où l'on ne traitait que les affaires judiciaires (cour de justice) ou militaires (principalement dans la chanson de geste). L'amour devient la préoccupation essentielle des cours telles que les décrit la littérature.

Courtoisie : ensemble des qualités manifestées par les nobles vivant à la cour (distinction, élégance, générosité, respect des dames). Il s'agit en fait surtout d'un idéal littéraire (celui de la littérature courtoise) qui a pu se propager, à la faveur d'une véritable mode, dans certains milieux nobles. L'idéal de l'amour courtois (autre nom de la *fine amor* ou amour sublime) se développe dans ce milieu des cours. La littérature romanesque du XIIe siècle cultive les valeurs courtoises et tend à présenter de nouveaux modèles littéraires qui supplantent les figures figées du héros épique ou du saint qui apparaissent bien avant les premiers romans.

Écuyer : étymologiquement, il porte l'écu (le bouclier) du chevalier auquel il est attaché et s'occupe aussi de tout l'armement de son maître ainsi que du cheval. Cette période de service correspond souvent à l'apprentissage du métier des armes et l'écuyer espère généralement devenir chevalier.

Forestier : cet agent royal est chargé de l'administration et de la gestion des forêts d'un prince ou d'un roi. On parlerait aujourd'hui d'un garde forestier. Il connaît tous les recoins des forêts, et est chargé de réprimer divers délits (braconnage, vol de bois, chasse illégale).

Sénéchal : ce haut personnage de la cour était chargé primitivement du service de table, mais la fonction évolua progressivement vers des tâches plus administratives. Le sénéchal devint responsable de la justice et de l'administration des domaines du roi et c'était lui qui, en l'absence du roi, exerçait le pouvoir et commandait l'armée.

Table Ronde : institution légendaire dont la création est attribuée au roi Arthur. Cette table circulaire permet de réunir sans hiérarchie particulière tous les chevaliers du roi en compagnie d'Arthur lui-même. Chacun possède les mêmes droits et les mêmes devoirs que son voisin, et la Table Ronde devient ainsi très vite l'incarnation d'un idéal chevaleresque où les valeurs de l'honneur et de la solidarité l'emportent sur tout le reste. La Table Ronde réunit les meilleurs chevaliers du royaume qui défendent un idéal fait de générosité, de dévouement et de bravoure.

Vassal : en prêtant hommage à un suzerain (ou seigneur de rang plus élevé), le vassal jure obéissance à celui qu'il reconnaît comme son supérieur et reçoit de lui un fief (c'est-à-dire un domaine) qui lui permet de vivre. Le vassal et son suzerain doivent se prêter mutuellement aide et assistance.

Vavasseur : Il s'agit du vassal d'un vassal, c'est-à-dire du plus petit grade de la hiérarchie nobiliaire. Son domaine en général très petit n'est pas suffisant pour faire vivre toute sa famille.

Index

Guide pour la recherche des idées

Adultère

Amour

Animaux

Chasse

Chevalier

Comique

Narrateur

Objets-signes

Oralité

Psychologie

Rapports de pouvoir

Religion

Ruse

Symbole

Temps

PROFIL BAC

PREMIÈRE

La poésie au XIXe et au XXe siècle

245 **Apollinaire**, Alcools
190/191 **Aragon**, Les yeux d'Elsa
21 **Baudelaire**, Les fleurs du mal : problématiques essentielles
141/142 **Baudelaire**, Les fleurs du mal/ Le spleen de Paris : 20 poèmes expliqués
196 **Baudelaire**, Petits poèmes en prose
163 **Char**, Fureur et mystère et autres recueils
221/222 **Hugo**, Les châtiments
76 **Hugo**, Les contemplations
250/251 La poésie au XIXe et au XXe siècle : problématiques essentielles
156 **Ponge**, Le parti pris des choses et autres recueils
28 **Prévert**, Paroles
55 **Rimbaud**, Poésies
246 **Rimbaud**, Une saison en enfer/ Illuminations
209/210 **Senghor**, Éthiopiques
247 **Verlaine**, Fêtes galantes et autres recueils

Le roman naturaliste chez Zola et Maupassant

29 **Maupassant**, Bel-Ami
207 **Maupassant**, Pierre et Jean
103 **Maupassant**, Une vie
229/230 Le roman naturaliste : Zola, Maupassant
35 **Zola**, L'assommoir
100 **Zola**, La bête humaine
77 **Zola**, Au bonheur des dames
8 **Zola**, Germinal
235 **Zola**, Thérèse Raquin

PROFIL PRATIQUE

421 Pour étudier un poème
512 La versification

Les rapports maîtres et valets dans la comédie du XVIIIe siècle

72 **Beaumarchais**, Le barbier de Séville
134 **Beaumarchais**, Le mariage de Figaro
231 Maîtres et valets dans la comédie du XVIIIe siècle
208 **Marivaux**, La double inconstance
232 **Marivaux**, Les fausses confidences
187 **Marivaux**, L'île des esclaves
89 **Marivaux**, Le jeu de l'amour et du hasard

TERMINALE

249 **Béroul**, Tristan et Yseut
233/234 **Queneau**, Les fleurs bleues
248 **Zweig**, Le joueur d'échecs

BAC 2001 SUJETS TRAITÉS

Bac Français 1re L
L'oral et la dissertation

Bac Français 1res ES/S
L'oral et la dissertation

Bac Français 1res séries technologiques
L'oral et la dissertation

Bac Lettres Tles L/ES
Les questions d'oral et d'écrit

PROFIL LES PRATIQUES DU BAC

601/602 Le texte argumentatif
603/604 Le commentaire compose et l'étude littéraire
605/606 Du plan à la dissertation
607/608 Le résumé de texte
609/610 Bonnes copies de bac en philosophie (tome I)
611/612 Bonnes copies de bac en philosophie (tome II)
613/614 Lexique de philosophie
615/616 Histoire de la philosophie
1000 Le dictionnaire portatif du bachelier

Bussière Camedan Imprimeries
à Saint-Amand (Cher), France.
Dépôt légal : octobre 2001. N° d'édit. : 18758. N° d'imp. : 014550/1.